はじめての
管理職
100問100答

(株)ユニゾン 編
堤 幸政／河村亜紀 著

明日香出版社

はしがき

管理職とは何をする人なの？　マネジメントやリーダーシップとはどんなことなの？　どうやって部下を育成すればいいの？　はじめて管理職になった時、誰もが同じような疑問や不安を抱きます。

そこで本書では、はじめて管理職となった皆さんや、悩み多き管理職の皆さんが自信を持って職務に取り組めるよう、また日々の試行錯誤の手助けとなるよう、管理職として身につけたい“意識”や“知識”、明日から使える“ハウツー”などを「100問100答形式」で紹介しています。

残念ながら、昨今は多くの組織で将来有望な人材が管理職になりたがらないと言われています。「苦労が多いわりには報われない」「管理職となるよりも専門性を高めていきたい」など理由は様々ありますが、少なくともこの本を手に取っていただいた方には、前向きに管理職としての仕事に取り組んでいただきたいと願っています。なぜならば、管理職になって得られる自分自身の成長や満足感は、プレイヤーとしての成長や満足感を遙かに凌ぐからです。管理職としての経験は、ビジネスパーソンとしてのキャリアを積む上で貴重な財産になるものであると断言しておきましょう。

最後になりましたがこの場をお借りして、本書の執筆にあたり人事・労務面でのアドバイスを賜りました古賀社会保険労務士事務所の古賀幸治先生、ご厚意によって生々しいご質問や悩みをお寄せいただいた管理職の皆さん、筆が進まない折にも粘り強く対応してくださった編集の久松圭祐氏に心より御礼申し上げます。

我々ユニゾンが長年にわたる管理職研修で培った“人と組織のマネジメント”をわかりやすく解説したつもりです。皆さんの管理職としての“成長”と“いい仕事”のために、少しでもお役立ていただければ幸いです。

株式会社ユニゾン　代表取締役社長　堤　　幸政
取締役　河村　亜紀

はじめての管理職100問100答●目次

1 基礎編

2 人と組織のマネジメント編

3 上司とのコミュニケーション編

4 部下とのコミュニケーション編

5 リーダーシップ編

6 部下の育成編

7 組織づくり編

8 人事考課編

9 危機管理編

10 自己啓発編

カバー・本文デザイン：TYPE FACE　渡邉民人・鈴木真理子

1.基礎編

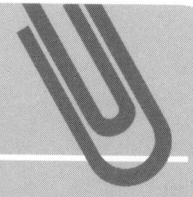

Q01 基礎編

管理職とは？

30歳ではじめて管理職になりました。当社では管理職になったからといって研修などがある訳でもなく、正直何をすればよいのかわかりません。そもそも管理職とは、どんな仕事をする人なのでしょうか？

A 一言で言ってしまえば、**管理職とは組織の経営者**のことです。経営者ですから、自分の裁量で意思決定できる範囲はプレイヤーの頃より広がります。だからと言って、経費が使い放題になる訳でも、人事の裁量が思うままになる訳でもありません。むしろ、果たさなければならない責任の範囲が広く重くなると考えた方がよいでしょう。その意味で、管理職とは**「組織の成果に全責任を負う人」**と表現するのが適当かもしれません。

では、組織の成果を上げるために、管理職が果たさなければならない責任にはどんなものがあるのでしょうか？　その責任は、大きく3つあります。もっとも重要な責任は、預かった**組織の業績責任**です。管理職は、定められた期間（一般的には半期6ヶ月間、もしくは通期1年間）に自分たちの組織に与えられた目標をクリアしなければなりません。営業組織であれば売上や利益といった業績目標を、研究開発を担当する組織では研究テーマの完了や製品化が業績目標となります。これらの業績目標を達成して、はじめて管理職としての責任を果たしたと言えるのです。

次に大きな責任となるのが、**部下の指導育成責任**です。部下を指導することは、組織に与えられた業績目標を達成するためには欠かせません。また、将来の業績目標を達成し続けるためには、部下を育成しレベルアップを図っていかなければならないのです。つまり、管理職は現在の成果を上げる責任だけではなく、未来の成果を上げる責任も担っていると言えます。

そして3つ目の責任が、**部下の保護管理責任**です。皆さんの部下となるメンバーは、会社から預かった貴重な財産です。彼らが心身ともに健康な状態で仕事に臨めるよう、管理職は常に気を配らなければなりません。そして、彼らが会社の方針を遵守し、組織の一員としてふさわしい言動を行うよう管理することも管理職の責任です。また、時には他部署の管理職や自分の上司から、部下を守ってやる必要が生じることもあるかもしれません。

このように見てくると、管理職とは責任ばかり大きくて割に合わない仕事だと思われる方がいるかもしれませんが、もちろんそんなことはありません。管理職となれば、自分の思うように組織を経営することができるのです。

そのためには、組織の経営者としての方針を策定して、部下に打ち出す必要があります。具体的な方針の策定に関しては、次項以降で詳しく述べることにしましょう。

Q02 基礎編

基本方針の策定

管理職になったら、まずどんなことに取り組まなければならないのでしょうか？

A 管理職となって、まず取り組まなければならないこと。それは、組織の経営者として自分の基本方針を策定することです。基本方針とは、管理職が預かった組織をどのように経営していくのかを示すものです。基本となる方針ですから、コロコロ変わるものであってはいけません。最低でも半期（6ヶ月間）は変えることのない方針をつくる必要があります。

具体的にはまず、**「自分が経営する組織の基本的な考え方や行動指針」**を策定しましょう。例えば、組織を活性化させたいと考えているのであれば「コミュニケーションが活発な組織にする」というような組織のありようを示したものや、営業部隊であれば「全社ナンバーワンの利益を確保する営業チームをめざす」といったものです。大切なのは、自分たちの組織がめざす姿をわかりやすく、シンプルな言葉で表現するスローガンを策定することです。

スローガンが策定できたら、次に**「組織の構えと役割分担」**を明確にしましょう。組織の構えとは、与えられた業績目標を達成するためにどのような組織体制を敷くのかということです。具体的には預かった組織をグループ分けするのかしないのか、自分の配下にサブのリーダーを据えるのか据えないのか、経験の浅い部下に育成担当の先輩メンバーを任命するのかしないのか、といったことです。また、部下の誰にどんな役割と責任を担ってもらうのか、役割分担を決めるのも、管理職の重要な基本方針です。**「組織の構えと役割分担」を明確に示すのはとても勇気がいることです。**なぜなら、このことによって部下が不平や不満を抱くこともあるからです。例えば、"与えられた仕事は私が希望している仕事ではない……""なんでアイツに大事なお客様を任せるんだ……"など。管理職はこれらの不平や不満に対して腰砕けにならないように注意しなければなりません。そのためには、管理職自身が十分に自分の考えをまとめ上げ、上司に相談してアドバイスをもらい、その上でしっかりと決意を固める必要があります。

管理職はこれら2つの基本方針に加えて、人・物・金・情報・制度にまつわる**「各種戦略」**と**「中長期の展望」**を基本方針として部下に示さなければなりません。「各種戦略」は、各企業の考え方によって策定方法も千差万別ですのでここでは割愛しますが、「中長期の展望」を策定するにあたっては、基本となる考え方があります。それは、1年～3年先に自分たちの組織が、**①北へ行くのか南へ行くのか（組織の方向性）、②いつまでにどこまで行くのか（組織の目標）、③飛行機で行くのか歩いて行くのか（目標に達する手段）、④通過しなければならない地点はどこなのか（中間目標）、⑤旅を続けることで得られるもの（組織の目的）**、を管理職が自分の言葉で語れるようにすることです。もちろん、これらの展望は社長でもない限り、部下に約束できるものではありません。それでも、これらを部下の1人ひとりに粘り強く伝え続け、その展望のもとで部下自身が「自分はこのようになっていたい」と思えるようになれればベストです。

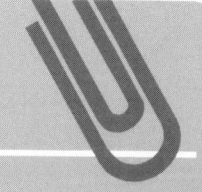

Q03 基礎編

方針書作成のポイント

管理職になって、はじめて組織の方針書を作成することとなりました。方針書のつくり方を具体的に教えてください。

A 管理職が策定する基本方針は、組織の設計図となる重要なものであることはQ2で述べました。ここでは、それをどのように書面に落とし込んでいくのかを紹介しましょう。

ただ、各組織には自分たちの組織の方針を記入する固有のフォーマット（○○年度上期計画書、方針書など）が用意されていることも多く、その場合はその書面の書式に則って作成しなければなりません。そのことをご承知いただいた上で、はじめて管理職となった皆さんの参考となりそうな方針書作成の一例を紹介します。

あなたは、とある営業部に所属する営業所長であると想定しましょう。まず、「私○○（自分の名前を入れる）は、◎◎営業部長（上司の名前を入れる）の基本方針を受け、△△営業所長としてＸＸ年度上期の業績目標の必達と当期の重点施策（●項目）をやり遂げることに全責任を果たす」ということを必ず明記します。ここでは、自分たちの組織が果たすべき責任（業績目標と重点的にやるべきこと）を明らかにすることと、上司が打ち出した基本方針を管理職である自分が引き受けたことを部下に宣言する訳です。

次に、自分たちの組織がめざす姿を明示します。参考例としては、「さすが△△営業所と周囲から高く評価される営業力と専門知識に富み、営業部がめざす目標に一丸となって邁進することができる活力溢れる組織体質づくりに全責任を果たす」というようになるでしょう。

そして、もう1つ欠かせないのが管理職のマネジメント責任を明確にすることです。これは、「△△営業所に関するすべての問題や課題に対して迅速に対応・解決するとともに、マネジメント業務を含むすべての業務遂行の責任を果たす」という一文を入れることで明示されるでしょう。

最後に、「上記3項目の責任を果たすことで、△△営業所長としての存在価値を賭ける」と締めくくれば、方針書の幹となる部分は完成です。ここまで説明すれば、すでにお気づきかもしれませんが、**方針書を作成する上でもっとも大切なことは、「管理職としてのあなたの責任」を明示することなのです。間違っても、上司の方針をそのまま垂れ流したような方針書を作成しないことです。**

これに、業績目標と具体的な重点施策項目、組織の構え（組織図）と部下の役割分担、必要に応じて解決しなければならない問題や課題などの説明を加えることで、立派な方針書となるはずです。

Q04 基礎編

管理職の仕事の“5S”とは？

管理職になって1ヶ月経ちました。部下も意欲的に動いてくれているようで、順調な滑り出しだと感じています。ただ、私自身がこのあと何をすればよいのかわからず、少々時間を持てあましています。私はこれからどんなことに取り組めばよいのでしょうか？

A 管理職となったら、まず自分の方針を策定して部下に打ち出す必要があることをQ2で述べました。管理職はその方針を遵守させ、組織としての成果を上げていかなければなりません。方針を出したらあとは部下任せ、では責任を果たすことはできないのです。そして、その責任を果たすには部下の協力が欠かせません。そのため、方針を打ち出したあとの管理職の仕事は、大半が部下に振り向けられると考えてよいでしょう。とは言え、部下の仕事ぶりを横目で眺め、その“出来・不出来”をチェックするのが管理職の仕事ではありません。彼らの意欲を高め、目標達成への協力を引き出すのが重要な仕事になってくるのです。それら**部下に働きかける管理職の仕事を整理すると“5S”にまとめることができます。**一般に“5S”と言えば、製造現場の“5S（整理・整頓・清潔・清掃・躾《しつけ》）”が有名ですが、この“5S”は**「管理職の仕事の“5S”」**と覚えておくとよいでしょう。

1つ目の“S”は**「指揮」**です。管理職は方針を遂行するために部下を指揮しなければなりません。そのためには、常に部下の先頭に立って采配を振ることが大切です。

2つ目の“S”は**「指導」**です。管理職は1人ひとりの部下の進捗状況や仕事の進め方、知識や技術のレベル、組織内での人間関係などをしっかりと把握しておく必要があります。そして、進捗が芳しくない部下や問題を抱える部下には、適宜アドバイスやコーチをしなければなりません。

そして、3つ目の“S”は**「刺激」**です。管理職は部下の意欲に注意を払い、タイミングよく“褒める・叱る”などの刺激を与える必要があります。ギャラリー（他の部下や周囲のメンバー）を集めて、管理職から賞賛やねぎらいの言葉をかけたり、部下に発言や宣言をさせたりするのも効果的です。

4つ目の“S”は**「支援」**です。必要に応じて仕事を手伝う、一緒に汗を流す、時には一緒に泥を被る、というのが「支援」にあたります。管理職が部下の目標達成に積極的に関わる支援もあれば、何も言わずに自分の姿を見せるのが支援になることもあります。

最後5つ目の“S”は**「執行」**です。これは「何がなんでも目標をやり遂げさせる」という強い決意を管理職が示すことです。そのためには、管理職が部下の目標達成にこだわりを持って、粘り強く取り組むことが求められます。

以上の“5S”に真剣に取り組めば、管理職となって時間を持てあますようになった、というようなことはないでしょう。

Q 05 基礎編

新たに発生する責任と権限

管理職に昇進し、重い責任を感じています。よく責任と権限はセットだと言われますが、今のところ、責任に見合った権限があるように思えません。一体、管理職にはどのような責任と権限があるのでしょうか？

A 管理職の“権限”を考えるにあたって、ポイントになるのが「あなた（管理職）の責任は何か」ということです。Q1でも述べたように、あなたに任されているもっとも重要な責任は、半期（6ヶ月間）もしくは通期（1年間）の“業績責任”です。この責任を果たすために必要なのが“権限”と言ってよいでしょう。

ところが、業績目標などの“責任”はあなたが黙っていても下りてくるのに対して、“権限”はあなたが黙っていては下りてきてくれません。なぜならば、**「責任は下りてくるもの、権限は取りにいくもの」だからです。管理職は自らの責任を果たすために、“権限”を上司から取ってくる必要があるのです。**

決済権一覧などで明記されている、管理職が使える経費や承認できる範囲などは、取りにいかなくても自動的に下りてくる権限です。管理職は、それ以外の権限を取りにいかなければなりません。とは言え、組織の中間管理職であるあなたが「(責任を果たすために) もっと人を増やしてください、もっと経費を使わせてください」と訴えたところで、上司が首を縦に振ることはないでしょう。

権限を取りにいくには「現在すでに持っている権限をしっかりと使えていること」が前提となるからです。

これは、認められた経費を全部使い切っているか？　というようなことではありません。管理職が持っている一番大きな権限は、**「管理職として自分の方針を打ち出すこと」**です。この権限を行使するには、経営者や上位役職者（上司）が打ち出した方針として下りてきた業績目標を管理職として引き受け、その業績目標を達成するために、より具体的な方針を1人ひとりの部下に打ち出すことが欠かせません。どのような役割分担にするのか？　それぞれの部下の目標をどのように設定するか？　などを管理職の方針として部下に示す必要があるのです。また（業績に直結する方針ではなくても）、組織を活性化するために職場の席替えを実施したり、配属された新入社員の育成担当者を決めたりすることも、管理職の方針と言えます。

このように、**現在の人員や予算、担当範囲において最大限の業績を上げるための方針をしっかりと打ち出すことができてはじめて、さらなる権限を取りにいくことができるのです。**

例えば、あなたが組織の中核メンバーである部下のAさんに、役職を与えたいと考えているとしましょう。もちろん、あなたは勝手に役職を与える権限を持っていません。その場合、あなたは上司に「Aさんを次の管理職候補に育て上げてみせます」と、Aさんの育成責任を自ら引き受ける宣言をしなければなりません。自分にAさんの育成責任という“負荷”をかけ、上司に対して約束することが求められるのです。その上で「ついては、次のタイミングでAさんを係長にしたいと考えているのですが、よろしいでしょうか？」と上申します。上司が「なんとしてもAさんを育てるぞ」というあなたの決意を感じることができ、あなたがこの約束を守ることができれば、Aさんを係長に昇進させることを任せてくれることでしょう。

Q 06 基礎編

リーダーに任せる責任と権限

14名の営業マンを抱える営業所の所長となりました。営業所を2つのグループに分け、ベテランのメンバー2人にそれぞれのグループのリーダーを務めてもらおうと考えています。その際に気をつけるべきポイントがあれば教えてください。

A 一般に、1人の管理職の目が行き届く部下の人数は8名程度までと言われています。ご質問のように、比較的大きな所帯を預かる管理職が、自分たちの組織をグループ分けして、それぞれにリーダーを任命することは珍しくありません。このような時に気をつけたいのが、それぞれにどのような責任と権限を任せるのか、明確に示す必要があるということです。

例えば、リーダーにグループの業績責任はあるのか？　メンバーの一次評価を任せるのか？　メンバーの育成を任せるのか？　グループの経費管理を任せるのか？　グループの方針を策定してよいのか？　など。これらを上司であるあなたが、それぞれのリーダーに示さなければなりません。それらが示されなければどうなるでしょう？　慎重な性格のリーダーであれば思い切ってグループを切り盛りすることができず、管理職が期待するリーダーシップを発揮できないかもしれません。逆に、大胆な性格のリーダーであれば管理職が打ち出した方針を軽視するようなことを始めて、かえって管理職の負担が増えてしまうかもしれません。そのような事態を招かないように、リーダーを任せる際に彼らの責任と権限を明確にすることです。

一口に管理職と言っても、その責任と権限の任され方によって2つのタイプに大別されます。1つは**「完全委譲型の管理職」**です。これは、**「上司が任せない責任と権限を明確にして、あとは全部任せるタイプ」**の管理職で、預かった組織のマネジメントをすべて任されていると考えてよいでしょう。営業所長であるあなたは、こちらのタイプに属します。

注意が必要なのは、このタイプの管理職であっても、実際は上司が任せない責任と権限を明確にすることはほとんどない、ということです。例えば、上司は“部門全体の方針を打ち出す権限はあなたには与えないよ”“メンバーをよその部門に異動させたり、あなた自身の給料を決めてはいけないよ”“他の営業所の方針や人事に口を出してはいけないよ”などとは言ってくれません。これらは、常識の範囲と判断されているので、上司が丁寧に説明してくれることはないのです。

管理職のもう1つのタイプは**「限定委譲型の管理職」**です。こちらは、**「上司が任せる責任と権限を明確にして、あとは任せないタイプ」**の管理職です。一般的にプレイングマネージャーと呼ばれる、自分自身もプレイヤーとしての責任を果たさなければならない管理職は、このタイプに属することが多いでしょう。今回あなたが任命しようとしているリーダーも、おそらく「限定委譲型の管理職」となるはずです。完全委譲型の管理職と違いこちらのタイプの管理職には前記の通り、上司が任せる責任と権限を明確にする必要があるのです。

Q07 基礎編

日常的な意思決定のポイント

管理職の仕事とは「意思決定をすることである」とよく耳にします。しかし、管理職になりたての私は大きな仕事を任されている訳でもなく、「意思決定」という言葉がピンときません。管理職として私がしなければならない「意思決定」とはどんなことなのでしょうか？

A ご質問にあるように「意思決定」と聞くと、事業戦略とかマーケティング戦略といった経営の根幹に関わる重大な決定のことのように考える方も多いかもしれません。もちろん、それらも管理職の意思決定には違いありません。しかし、管理職にはもっと身近で日常的な意思決定が山ほどあるのです。例えば、

・毎朝遅刻してくる部下がいる。強く叱るべきか？
・部下が仕事の都合で会議に参加できないと言い出した。これを認めるべきか？
・担当替えを命じたら、それなら辞めると言い出した。どのように対応すべきか？
・部下から値引きの特別申請が出てきた。許可すべきか却下すべきか？
・歓送迎会の会費を会社負担とするか、個人負担とするか？　などなど。

管理職となれば、この類の意思決定を毎日繰り返し行うことになるのです。実は、これら**身近な「日常的な意思決定をすること」こそ、中間管理職の重要な仕事と言ってよいでしょう。**ところが、あまりにも身近にあるために、それらの日常的な意思決定の存在にすら気づかない管理職が多いのも事実です。部下たちから、「ウチの上司は言うことがコロコロ変わる」「ウチの上司は意思決定ができない」などと言われないよう、管理職はいいかげんな意思決定をしてはいけません。以下は、日常的な意思決定をする際のチェック・ポイントです。あなたの意思決定の参考としてください。

◆日常的な意思決定のチェック・ポイント（15項目）

「あなたが、これから下そうとしている意思決定は……」

□単なる前例の踏襲ではないか？
□あなたの思いつきや決めつけではないか？
□希望的な観測に影響されてはいないか？
□その場しのぎではないか？
□社会的な倫理に反することはないか？
□自社の理念や方針に反していないか？
□悪い前例を残すことにつながらないか？
□組織の秩序を乱すことにならないか？
□部下間や部門間に不公平感を生じないか？
□首尾一貫していてブレがないか?
□部下たちに依存心や甘えを持たせることにならないか？
□費用対効果は考慮しているか？
□本当に「今」でなければならないのか？
□本当に「効果」があるのか？
□他によい手立てはないのか？

2.人と組織のマネジメント編

Q 08 人と組織のマネジメント編

マネジメントとは？

来月から管理職となるにあたって、上司から「マネジメントをしっかり頼むよ」と言われました。そもそも、マネジメントとは何なのでしょうか？

A マネジメントを直訳すると「経営」ということになります。Q1で述べた通り、管理職とは組織の経営者のことです。

ただし、**企業の管理職のマネジメントは、「与えられた期限と任された責任・権限の範囲内での経営」です。**つまり、自分たちの組織に与えられた戦力（自分を含めた組織のメンバー）、施設や設備・備品といった会社の資産、使ってよいと認められた経費、その管理職に任された決裁権限、それらの経営資源を活用して、与えられた責任を果たすことです。

しかも、そのマネジメントは、通常半期（6ヶ月間）～通期（1年間）の期限がついています。その期間内で期待される成果を上げなければ、管理職のマネジメントは失敗と判定されることになります。管理職のマネジメントが、オーナー社長のマネジメントと決定的に違うのは、それが上司から任命されて任されたマネジメントであるがゆえに、期限がくれば上司から評価されるという点です。

以上のことから、これから管理職となるあなたが、果たさなければならないマネジメントとは何なのかを整理してみましょう。まず、あなたのマネジメントの目的は、**「上司が打ち出した方針をもとに、自分たちの組織の目標を達成すること」**となります。その目的を達するために、管理職は大きく次の3つのことをやり遂げなければなりません。

①管理職としての方針を策定する
②方針を遂行するためにリーダーシップを発揮する
③最終成果につなげる責任を果たす

①は、管理職に与えられたもっとも大きな権限です。与えられた期限内での組織の構えをつくって、それぞれの役割分担を決め、目標を達成するために何をどのように進めていくのか、という組織の設計図をつくる（Q2を参照）ことです。

②は、①で打ち出した方針を遂行するために部下を指揮する、上司や関係部署の責任者を動かす、そのためのリーダーシップを発揮しなければならないということです。

③は言うまでもなく、与えられた期限内に任された目標をやり遂げることです。この期限がくれば、①で策定した方針も効力を失うと考えてよいでしょう。

これから管理職となるあなたは、これら3つの“できばえ”を評価される立場になるということを肝に銘じて、組織のマネジメントに携わっていかなければならないのです。

Q09 人と組織のマネジメント編

管理職の仕事（情報収集・分析）

プレイングマネージャーから専任の管理職となりました。専任の管理職として、自分はこれから何をすべきなのでしょうか？

A プレイングマネージャーであれば、自分がチーム全体の業績を背負ってやり遂げてしまえば、一応は責任を果たしたということになります。しかし、専任の管理職となればそうもいきません。部下に業績をやり遂げてもらわなければ、管理職である自分の責任が果たせないのです。では、専任の管理職は日々何をすればよいのでしょうか？　それは、**部下によい仕事をしてもらえるよう努めることに尽きます。**これはプレイングマネージャーでも同じですが、プレイヤーとしての役割を持たないぶん、専任の管理職はその責任がより重くなると言えるでしょう。部下によい仕事をしてもらうためには、次の3つのことに取り組んでいく必要があります。

①情報を収集し、分析する
②問題を発見し、課題化して解決に取り組む
③権限を行使し、環境や条件を整える

本項では、①を紹介します（②・③に関しては、Q10、Q11を参照）。まず情報の収集について、一口に情報と言っても実にさまざまな情報があります。マーケット情報や自社の商品・サービス・戦略に関する情報、組織の戦力や組織体質に関する情報、管理の仕組みに関する情報など。管理職はこれら多くの情報の中から、組織経営を行う上で欠かせない情報をしっかりと把握しておく必要があるのです。中でも、自分が預かる組織の戦力（部下）と組織体質に関する情報を的確につかまなければ、部下によい仕事をしてもらうことはできません。

情報収集をする際のポイントは、**「数字を把握すること」、「動きを把握すること」、「感情を把握すること」**の3つです。特に部下の情報を把握するためには、積極的にコミュニケーションを図って、業績などの数字だけではなく、動きや感情に注意を払っておくようにしましょう。

次に情報の分析について、これは管理職として適切な判断が下せるように収集した情報を整理しておくことです。情報を整理することで、管理職として手をつけなければならないテーマを見つけ出し、優先順位をつけて取り組むことができるのです。

情報の収集・分析は管理職の仕事の生命線です。日々の仕事を通して、自分が取り組んだ結果や反応に対して、さらに情報を収集して分析するということを繰り返して、管理職としての仕事を回していくように心がけましょう。

Q10 人と組織のマネジメント編

管理職の仕事（問題発見・課題設定）

上司から「管理職としての問題が見えていない」とか、「課題が解決できていない」などと指摘されました。一体、管理職としての問題・課題とは何を指しているのでしょうか？

A　まずは“問題”と“課題”という言葉の定義をしたいと思います。本書で取り上げる問題や課題という言葉はこの定義に則って書かれています。また本項は、Q9で述べた管理職の仕事“②問題を発見し、課題化して解決に取り組む”の内容となりますので、あわせてご参照ください。

本書では“問題”を『**めざすべき姿と現状のギャップ**』と定義しています。ある営業マンの月間売上目標が1,000万円だとしましょう。この目標に対して、結果が800万円であれば未達分の200万円が問題です。また、問題は数量に現れるものばかりではありません。管理職であるあなたが、ある部下に“こうなってほしいと願う姿”と“現状の姿”のギャップも問題です。具体的には、新人の営業マンに対して管理職が「今月は自分の力だけで見積書を作成できるようにしよう」と目標を設定したとします。その瞬間に目標と現状にはギャップが発生するので、その新人営業マンの今月の問題は「見積書を自力で作成できないこと」になります。あるいは、管理職が思い描く“理想の組織像”と“組織の現状”にギャップが存在するのであれば、それも問題です。例えば、管理職が“利益率の重視の営業組織”をめざしているのに、組織の現状は“売上重視の営業組織”であるとすれば、そのギャップが問題ということになります。

次に“課題”ですが、**『問題を解決するテーマ』**と定義しています。

前記の「見積書を自力で作成できない」という新人営業マンのケースであれば、「自力で見積書作成をできるようにするため、先輩社員に指導とチェックをさせながら、グループ全員の見積書作成をすべて任せる」という指導・育成のテーマが課題となります。また、「売上重視の組織体質を利益率重視の組織体質にするため、評価項目の利益率目標と売上目標の割合を変える」などということも課題となるでしょう。

問題に対する課題の設定方法は種々ありますが、問題を解決するためにテーマ化したものが課題ということになります。

問題と課題の意味をこのように捉えていただくと、管理職の重要な仕事は「部下によい仕事をしてもらうために、情報を収集・分析して問題を発見し、課題を設定して問題解決に取り組んでいくこと」ということになります。

そして、管理職の“腕の見せ所”は**「今まさに手をつけなければならない問題を発見して、問題解決のために適切な課題を設定できるかどうか」**にかかっていると言ってよいでしょう。

具体的な問題発見や課題設定、その優先順位づけについては、Q13、Q14、Q15で述べていますので、参考にしてください。

Q 11 人と組織のマネジメント編

管理職の仕事 (権限の行使)

上司から「権限を正しく使え」と言われます。自分では権限を振りかざすようなことはしたくないのですが、権限を正しく使うとはどういうことでしょうか?

A 「権限を正しく使う」のは大変難しい仕事の1つですが、管理職としては臆することなく取り組まなければならない仕事です。権限を下手に使うと、部下たちから「権限を振りかざしている」と思われかねませんし、権限を使うことに慎重になりすぎれば「何も決定できない上司」と陰口を叩かれかねません。Q9の“③権限を行使し、環境や条件を整える”の内容もあわせて、本項では「正しく権限を行使する」ための基本的な考え方をご紹介します。

まず“権限”を“意思決定”のことと捉えてみてください。そのように考えると、**“権限を行使する”ということは“意思決定を行う”ということになります。** 管理職が行う意思決定には、経費の決裁や部下の目標設定・評価、組織の構えづくり、方針策定や方針の管理・運用……など、さまざま考えられます。管理職がこれらの意思決定を正しく行えなければ、言い換えれば正しく権限を行使できなければ、部下は安心して働くことができません。
この考え方に当てはめれば、権限委譲も非常にわかりやすくなります。「このことは、君が意思決定してもいいよ」と上司から許可されれば、権限を委譲されたことになるのです。

管理職は日々さまざまな意思決定を行いながら、仕事を進めていかなければなりません。即断即決すべきところで、煮え切らない態度を取ったり、意思決定をしておきながら責任を部下に押しつけたりしていると、周囲から管理職としての仕事をしていない、という烙印を押されかねないのです。

権限を正しく使うには、第一に管理職としての基本方針を打ち出すことができなければなりません。この**基本方針をベースにして意思決定を行い、その意思決定を自分の上司と部下に必ず開示することが、権限を正しく使うための条件となります。**そして、上司と部下の8割から「その意思決定はもっともだ」と思われる意思決定ができることをめざすようにしましょう。

このように、権限を正しく使うには自分の上司と部下を“戸惑わせない”“不安にさせない”ことと、周囲から“不信感を持たれない”ことに注意を払う必要があります。加えて、「どうすれば、部下によい仕事をしてもらえるか」という判断基準を持って意思決定をするようにすれば、「権限を振りかざしている」と捉えられることはないでしょう。
部下によい仕事をしてもらえるよう、あなたの権限を正しく行使してください。

Q 12 人と組織のマネジメント編

業務を計画的に進行させるには？

部下がいつも納期間近になってからバタバタし始めます。また、自分の仕事とわかっているはずなのに、なかなか着手しません。なんとかやり遂げてはくれるのですが、見ているこちらはハラハラします。どうすれば、もっと早く計画的に動いてくれるでしょうか？

A 部下に仕事を任せる時、納期だけを伝えていないでしょうか？　管理職であるあなたが、「いつまでに」だけを伝えて、あとは納期直前になって「あれどうなった？　進捗は？」と催促しているだけであれば、このような状態になってしまうことも頷けます。

部下に仕事を任せる最初の段階で「いつから始めて、いつまでに完了するのか」と問い、部下本人に決めさせるようにしましょう。

多くの管理職が、この“いつから始めるか”を明確にせず、“いつまでに”という納期だけを伝える傾向を持っています。管理職である自分が感じている「納期が近い」とか「重要度が高い」という優先順位を、部下も同じように感じていて、すぐに着手するものと思いこんでいるからです。そのため部下に仕事を任せたのはよいけれど、進捗もわからない、納期も迫っているという状況で、上がってこない報告を心もとなく待つことになるのです。

また、管理職は計画に合わせて適宜アドバイスや指示をしなければならないのに、自分が気になった時にいつでも注意をしたり、手を出してしまったりする傾向を持つ管理職も見受けられます。このようなことが続けば、部下は納期が迫ってきたら、“上司が一緒に片づけてくれるだろう、その方が楽だ”という意識を身につけてしまうかもしれません。

これらのような仕事の任せ方をしていると、部下は重要な仕事や日々やるべき仕事であっても、最終納期が遅いものを後回しにして、いつも納期直前に慌てて“やっつけ仕事”をするような習慣が身についてしまいます。

このような仕事を部下にさせないためにも、仕事の始まりと終わりを明確にし、報告やチェックの計画を立てて、仕事に取りかからせるようにしましょう。継続的な長期間の仕事の場合は、その期間の中に1ヶ月や1週間の区切りを置いて、その期間ごとの中間目標を設定しておくとよいでしょう。以下の7つの項目を実践して、計画的に仕事を進める部下を育成してください。

①指示する仕事を“やらされ仕事”ではなく、“自分の仕事”として部下に引き受けさせる

②仕事を指示する際、「いつから始めて、いつまでに完了するのか」を部下自身に決めさせる

③成果を出すための実施計画（シナリオ）を部下と一緒に作成する

④長期間にわたる仕事は、進捗確認や軌道修正のための期間とその期間ごとの中間目標を設定する

⑤進捗の遅れが出始めたら、再度一緒に計画を作成し、本人のやり遂げる意志を確認する

⑥仕事のアドバイスや部下への励まし、仕事ぶりを見ていて感じることなどは、適宜部下に伝えて見守っていることを知らせる

⑦成果が見込めないからといって管理職が手伝って成果を出し、部下の手柄を取り上げるようなことはしない。状況によってはそのまま失敗させ、何が悪かったかを一緒に点検することで次に活かす

Q13 人と組織のマネジメント編

順調な組織のマネジメントを維持するには？

私は5人の部下を預かる営業所長です。業績も順調で、現在のところ大きな問題も発生していません。今後もこのペースで組織運営をしていくために、管理職としてどんなことに取り組めばよいでしょうか？

A 管理職ともなれば誰しも、「業績もよく大きな問題がない順調な今こそ、気を緩めてはいけない」という意識を持っていることでしょう。しかし昨今の管理職は多忙をきわめていますので、少し気を緩めてしまうと忙しさにかまけて、順調さに“あぐら”をかいてしまう恐れがあります。順調な組織を維持するには、さらなる成長をめざしていかなければなりません。

そのために、**管理職としてやるべき仕事は“問題をつくること”です。**「順調なのにどうして？」と不思議に思う方がいるかもしれませんが、“問題をつくること”は管理職の重要な仕事の1つです。

順調な状態が続いていると「順調で当たり前」「今のやり方がベスト」という意識が組織に根づいてきます。場合によっては、変化を受け入れられない硬直化した組織体質をつくってしまうこともあるのです。管理職は順調が“単調”となる前に、変化を起こす“問題をつくる”必要があります。とは言っても、ここで言う“問題”とはマイナスの意味ではありません。Q10で述べた通り、問題とは「めざすべき姿と現状のギャップ」のことです。順調な組織では、管理職が“めざすべき姿”のレベルを引き上げてギャップを生み出し、このギャップを埋めるために課題（問題を解決するテーマ）を設定して問題解決に取り組んでいきましょう。

ご質問のケースでは、まず業績のよい部下にはさらに高い目標を与える必要があるでしょう。業績目標を上乗せするだけではなく、後輩営業マンの育成を任せるなどして次の管理職候補として育成を図ることも、順調な時にこそ手をつけたい大事な仕事です。また、多忙な時期には引き受け手の少ない新入社員の受け入れを買って出たり、エース級の人材を他部署に異動させて活躍させたりすることで、組織全体に貢献することもできます。
そうなれば、あなたも管理職としてもっと大きな存在感を発揮することができるようになるでしょう。

このように、管理職として順調に組織を経営していくことができる力を持ったあなたなら、もう一歩高い目標をめざしていきましょう。そのことで、あなたの部下も“もっと早く”成長することができるはずです。管理職であるあなたの影響力が増すことで、部下たちによりよい仕事ができる環境を整えてあげることができるからです。

Q 14 人と組織のマネジメント編

問題の多い組織のマネジメントを改善するには？①

業績も悪く、個々の部下もそれぞれ問題だらけです。単純ミスから大失敗まで、あまりにも問題だらけの組織で何から手をつければよいかわかりません。問題の多い組織での有効な問題の発見、手をつけるべき問題の選び方、優先順位のつけ方はありますか？

A Q10でも述べた通り、期待値が高ければ高いほど問題は多くなります。逆に、期待しなければ問題はないということになります。組織を預かる管理職としては、業績目標を達成するために、それぞれの部下への期待を高く持っていたいものです。

しかし、ご質問のように「問題だらけだ」という組織では、どこから手をつければよいのかわかりません。管理職としては、期待どころか、ついつい“このメンバーじゃ無理だろう”とか、“会社全体の業績が不振なんだからしかたがない”などと、できない理由を見つけてマネジメントを放棄したくなってしまうでしょう。

どのような組織でも、管理職に降りかかってくる問題は数多く、すべてに手をつけようとすると失敗してしまいます。特に問題の多い組織では、管理職が手をつける問題の取捨選択と優先順位づけが重要となります。マネジメントを放棄する理由を探すのではなく、今まさに手をつけるべき課題を設定できるように取り組んでください。

問題を取捨選択するにはまず、管理職であるあなた自身が手をつけて解決すべき問題か、部下を指揮して解決させるべき問題かという判断が必要です。その判断によって、自分が取り組んで解決すべき**“取り組み課題”**と、部下に取り組ませて解決すべき**“指揮課題”**を設定します。その上で、課題を2つに分類します。1つ目は**“業務・業績に関する課題”、**2つ目は**“人と組織の流れの課題”**です。本項では、1つ目の“業務・業績に関する課題”について紹介します（2つ目の課題は、Q15にて述べます）。

業務・業績に関する課題とは、例えば「部下がコンプライアンス違反をしてしまった」とか、「今期の業績達成には欠かせない重要な案件が停滞している」など、目先にある問題に対する課題です。このような課題はすぐにでも手を打たなければならないものなので、必須の課題であると言えるでしょう。しかし注意をしていないと、次から次に同じような問題が発生して、管理職はそれらの問題に振り回されてしまうことになってしまいます。

問題の多い組織は、燃えさかる火災現場のようなものです。火元を絶たなければ、繰り返し次の火の手が上がってきます。鎮火するためには、今、消さなければ取り返しのつかない炎だけを急いで消火しながら、火元を探して手をつけることが重要となります。

この火元というのが、Q15で紹介する“人と組織の流れの課題”として解決すべき問題となります。

業務・業績の課題でのポイントは、緊急かつ重要な問題だけに絞って手をつけることです。問題の多い組織では業務・業績の課題だけで手一杯となってしまいがちですが、そればかりに気を取られず“火元”を探し出すアンテナを張っておくことが大切です。

Q 15 人と組織のマネジメント編

問題の多い組織のマネジメントを改善するには？②

業績が低迷しており、部下のやる気も感じられません。意識が低くなっているのか、何度も同じような失敗を繰り返す部下も多く見受けられます。管理職として何をすればよいのでしょうか？

A　本項のご質問は、組織が“よくない状態”であることはわかっているが、どこに問題があるのかよくわからないというケースです（Q14の“人と組織の流れの課題”について紹介します）。

何度も同じような問題が起こる場合、管理職は目先の問題ばかりにとらわれることなく、火元（問題の根源）を見つけて手をつける必要があります。また“何が問題なのか”がわからない場合、管理職は突破口となるような動きを起こして火元を見つけ出さなければなりません。

これら**繰り返し起こる問題への対応や、組織体質を変革しなければ解決しないような問題は、“人と組織の流れの課題”を設定して取り組む必要があるでしょう。**

何度も同じような問題が発生する例として、「いつも納品の期日が遅れてしまう」という問題があったとしましょう。納品が遅れるということは、由々しき問題です。管理職は納品までのプロセスを点検し、問題を見つけて課題化する必要があります。仮に担当者の確認漏れが原因だったとすれば、人的ミスを防ぐ仕組みや業務フローをつくって確認漏れを発生させないようにしなければなりません。このような火元を見つけて手を打っていかなければ、納品遅れという問題は永遠に解決しないでしょう。

また、組織体質を変革しなければ解決しないような問題に手をつける場合、組織に大きな影響力を持っている部下を見つけ出し、その部下を変化させる課題を設定することが有効です。例えば、「大半の部下がいつも必ず遅刻する」という問題を抱える組織があったとしましょう。このような場合、組織に大きな影響力を持っている部下が、時間にルーズな傾向を持っているケースがあります。管理職がその部下に“こだわって”時間を守らせるように取り組めば、やがて他の部下も時間を守るようになるでしょう。

このように、仕組みや組織体質を変えるような問題は、“人と組織の流れの課題”として捉えるとよいでしょう。
緊急かつ重要な“業務・業績に関する課題”はもちろんのこと、管理職としては、“人と組織の流れの課題”に注意を払い、効果的に手を打つことで、組織の“よい流れ”をつくっていただきたいと思います。

Q 16 人と組織のマネジメント編

課題解決の取り組み方

自分の部下や組織体質などに問題を発見し、課題を設定して取り組んでいますが、うまくいきません。上司からも「状況を悪化させている」と言われてしまいました。課題解決はどのように図っていけばよいのでしょうか？

A 忘れてはならないのは「すべての課題に共通する解決のための方程式はない」ということです。組織の方針、部下の性格、上司の考え方、組織の体質などを鑑みれば、1つとして同じ問題や課題はないからです。問題や課題に対しては、今そこに管理職として存在しているあなたが“最適だ”と判断する手を打っていくしかないのです。失敗を恐れて手をつけなければ、さらに状態は悪化するでしょう。問題が見えているのであれば、失敗を恐れずに手をつけることが先決です。とは言うものの、闇雲に手をつけて失敗を繰り返すのは避けたいものです。ここでは課題解決のヒントとして、**5つのキーワード「脳・人・金・汗・腹（ハラ）」**を紹介します。

まず、**“脳”とは“知恵”**のことを指します。手をつけるべき問題を見つける知恵も必要ですし、見つけた問題を解決するためのテーマ（課題）を設定するにも知恵が必要です。この知恵を増やすには、脳を酷使して訓練するしかないようです。失敗した経験を無駄にしないよう訓練してください。

“人”とは“協力者の存在”と“その協力を使えるかどうか”ということを表しています。組織の中では、個人の力など微々たるものです。上司や先輩、同僚、後輩、他部署、お客様、取引先、家族……あなたを取り巻く人の中で協力者になってもらえる人は、個人の物理的な限界や能力的な限界を超えるために欠くことのできない存在です。ただし、協力者は必要な時に協力を引き出せないと意味がありません。自らが彼らに協力し続けていればこそ、協力を引き出せるということをお忘れなく。

“金”については、特にビジネスパーソンとしての“費用対効果”の感覚を指しています。“経費”の感覚としては、コスト削減や経費削減などの“抑える”面ばかりを気にしがちですが、投資すべき時に大胆な投資ができる勇気もあわせて持っておく必要があります。

“汗”、これは、汗をかくということです。当たり前のことですが、熱心に根気強く努力することも課題解決の大切な方法の1つです。知恵も出ない、人の協力もない、資金も不足しているとなれば、真っ先にできるのがこの汗をかくということです。もちろん、協力を引き出すためには自分自身が汗をかいていなければ難しいでしょうし、知恵を出すにも脳に汗をかかなければなりません。

最後に**腹（ハラ）とは“腹が据わる”という意味の“ハラ”です。**経営やビジネス、人間社会においては、絶対的な正解がないのも事実であり、そこが面白みとも言えるでしょう。迷っていてもしかたがない課題については、決断すべき時に“エイッ”と断行することも立派な課題解決です。**「経営に矛盾のない正解はなく、弊害の伴わない決定もない」**ということを肝に銘じておきましょう。管理職にとって、胆力だけが唯一の解決策であるという課題も少なくないのです。

以上、5つのキーワードを紹介しましたが、これらをヒントにして課題解決に取り組んでいただきたいと思います。

Q 17 人と組織のマネジメント編

目標を達成するために誰に手をかけるか？

営業部署の管理職をしています。前期の業績目標は非常に厳しい状態でしたが、部下のショート分を自分が稼ぐことで、なんとか達成できました。評価がよかったため、その分、今期目標はさらに高くなりました。増員もない中、どうすれば目標を達成できるか悩んでいます。

A　この場合、目標値を誰にどれだけ上乗せするかがポイントです。方法としては、**①プレイングマネージャーである自分が多く受け持つ　②均等に分配する　③今まで目標値が低かったローパフォーマー（低業績者）に上乗せする　④ハイパフォーマー（高業績者）にさらに上乗せする**　があります。この4つのパターンを最適に組み合わせて、目標を達成する方法を考えてみましょう。

管理職として真っ先に手をつけなければならないのは、部下たちの意識です。部下が“こんなに高い目標では達成は無理だ、できるところまで頑張ればいいや”という程度の意識しか持てないようでは、目標達成はおぼつきません。まずは、管理職である自分自身が「絶対にやり遂げる」と決意することが重要です。その決意を部下に対して正面から伝えて、協力を願い出るようにしましょう。

目標達成への意識が共有できたら、**「自分を含めたハイパフォーマーにもっと高い目標を持たせること」**と**「ローパフォーマーや標準的なメン**

バーにはそれぞれ受け持った数字を必ずやり遂げさせること」だけに集中しましょう。その理由を本項冒頭の①〜④にそって説明します。

①のように自分に目標を上乗せした場合、（全体の目標が上がった今期は）あなたに部下のショート分を稼ぐ余裕はないでしょう。プレイヤーとしての自分の目標達成にかける負担が多くなるため、それぞれの部下がしっかりと自己責任を果たさなければ失敗します。逆に自分の目標達成に集中できれば、自分が一番のハイパフォーマーとして動くことができる可能性があります。

②・③の方法では、目標未達の可能性が高いでしょう。実力が伴わないローパフォーマーに高い目標値を与えても、本人のモチベーションを下げるだけです。彼らに対しては、確実にできる目標を設定するのがよいでしょう。確実にできる目標設定にすると言っても、目標値を低くするということではありません。今まで通りか、もう少し上乗せした目標値を任せて、やり遂げさせることに注力しましょう。

④の方法は、全体の成果を引き上げるのにはもっとも有効な手段です。ローパフォーマーを伸ばすよりも、ハイパフォーマーを伸ばす方が確実かつ早いからです。しかし、もともと高い目標値を引き受けているハイパフォーマーに対して、さらに目標値を上乗せするのは容易ではありません。「もっと目標値の低い部下がいるのに、なぜ自分ばかりに負荷の大きな目標値を背負わせるのか？」という不満や反発が生じます。管理職はそこで引き下がらず、組織としての責任を果たすために「なんとしても協力してほしい」という姿勢で、彼らに高い目標値を引き受けてもらいましょう。

それぞれの部下に適切な目標値を与え、あなたが率先して目標をやり遂げることによって、今期も目標達成をめざしましょう。

Q 18 人と組織のマネジメント編

プレイングマネージャーのマネジメント

部下の人数が多い上、自分もプレイングマネージャーとして多忙な日々です。今期の目標は非常に高く、このままでは達成できそうにありません。成果を上げるため、どんなことをすればよいのでしょうか？　また、マネジメントで気をつけるべき点はありますか？

A　プレイングマネージャーとしての責任を果たすには、まず自分がプレイヤーとしての成果を上げなければなりません。組織の責任者として引き受けた目標に対して、自分が率先して成果を出すことで、部下を本気にさせる必要があるのです。

しかし、いくら自分がトッププレイヤーとして成果を上げたとしても、1人だけでは全体の高い目標は達成できません。そのように考えると、プレイヤーとして精一杯頑張らなければならないことに加えて、部下の力を引き出して組織全体の成果を引き上げなければならないという管理職としての責任を果たすことも求められるのが、プレイングマネージャーということになります。

では、ご質問のケースで管理職が何をしなければならないのか？　結論からいえば、Q17で述べた通り、能力の高い部下にもっと頑張ってもらうことが重要です。**たとえ組織で一番能力の高いプレイヤーが自分で**

あったとしても、必ずしも部下より高いプレイヤー責任（目標）を負う必要はありません。二番手、三番手の部下に自分より高い目標を引き受けさせてやり遂げさせるようにしましょう。これは管理職である自分のマネジメント能力を磨く上でも欠かせないことです。プレイヤー責任を持たない専任の管理職ともなれば、自分が現場をかけずり回って成果を上げることはできません。そんなことをしてしまえば、部下の自発性を削ぎ、モチベーションを下げることになってしまいます。管理職は部下を指揮して、組織全体の成果を上げる能力を磨かなければならないのです。

とは言え、プレイングマネージャーである自分よりも高い目標値を、部下に引き受けさせるのは楽なことではないでしょう。「課長がこんな（低い）目標値なのに、なんで自分はこんなにやらなきゃならないんですか？」と問われた際に、例えば「君には業績で組織を引っ張っていってほしい。私は組織全体の責任を果たすために、低迷している部下を支援・育成して責任をまっとうさせることに全力を尽くしたい」と正面から言えるかどうかが問われます。

プレイングマネージャーがいつまでもトッププレイヤーとして組織に君臨しているのは、決して好ましいことではありません。「最終的には自分が動いてなんとかする」という意識は、管理職としての強い責任感の表れとも捉えられますが、裏を返せば「自分でやってしまった方が楽だ」という危険な意識にもつながりかねません。部下を信じて仕事を任せることができない管理職は、部下を育てることができないからです。**次代を担うトッププレイヤーを早く育成するのも、プレイングマネージャーの重要な仕事なのです。**

Q19 人と組織のマネジメント編

他グループを兼務している部下のマネジメント

他グループの仕事を兼務している部下がいます。本人は他グループの仕事に関心を向けており、私のグループの仕事に対する達成意欲が低いようです。私としては、もっと高い実績を達成してほしいと思っているのですが、どうしたらその気にさせることができるでしょうか？

A この場合、その部下に問題があるとは考えられません。問題は、その部下に兼務の仕事を任命した管理職にあると言えます。それが、あなたなのか、他グループの管理職なのか、あなたの上司なのか、他グループの管理職の上司なのか、それはわかりません。いずれにしても、彼に兼務を任命した管理職の仕事の任せ方に問題があったと言えるでしょう。

部下に兼務を任せる場合には必ず、その部下の「第一責任目標（第一に果たさなければならない責任）」が何なのか、ということを明確にしなければなりません。そうでなければ、兼務を担当する部下は「自分は何をしなければいけないのか」「自分はどの仕事の成果で評価されるのか」という点があいまいな状態のまま、両グループの業務に関わっていくことになります。ご質問のように、この点がはっきりとしない（はっきりとさせていない）場合、部下は間違いなく戸惑うことになるでしょう。

そして、部下に悪意がなくとも一方のグループの仕事を言い訳にして、もう一方のグループの責任から逃れるようになるかもしれません。それぞれの仕事に関わる時間や業務量が同等だとしても、「第一責任目標」はどちらか一方を優先させる必要があるのです。

兼務を担当する部下の「第一責任目標」は、その部下の評価責任を担う管理職が決めます。あなたがその部下の一次評価をするのであれば、自分たちのグループの成果が「第一責任目標」であることをしっかりと理解させ、より高い目標にチャレンジさせることができるでしょう。逆に、他グループの管理職が一次評価をするのであれば、あなたの一存で部下に負荷を与えるのは好ましくありません。他グループの管理職と協議の上で、部下の目標管理と業務分担を決める必要があります。

やっかいなのは、その部下の一次評価者があなたの上司（もしくは、他グループの管理職の上司）であるケースです。その場合は原則、その部下の育成責任と保護管理責任（勤怠管理や経費管理などを含む）を担っているグループの任務が「第一責任目標」となります。それも明確でない場合、例えば、同じ部内にある2つのグループを部下が兼務している場合には、その部下の「第一責任目標」は部長が明確にしなければなりません。それぞれのグループの管理職はどちらの業務が「本務」でどちらの業務が「兼務」なのか、部長に確認を求める必要があるでしょう。「どちらも本務」というような答えであれば、「このままでは私の責任が果たせない」と意見を具申して、部下の任務をはっきりさせなければなりません。

ご質問のケースで、部下に意欲を感じられないのは、管理職が“責任の優先順位づけ”をしていないことが最大の原因ではないでしょうか。

3.上司とのコミュニケーション編

Q 20 上司とのコミュニケーション編

上司を動かすのが管理職の仕事

管理職になって組織の改革に取り組もうと考えています。しかし新しいことを始めようとすると、決まって上司から横槍が入ります。このような上司にどう対応すればよいでしょうか？

A　オーナー社長でもない限り、自分の上に上司がいない管理職はいません。上司が認めないことを勝手に進める訳にはいかないのです。

ご質問のケースではまず、**あなたが上司に対して適切な「報連相」を実施していたかどうかを点検してみる必要があるでしょう。**「これくらいなら自分1人で決めても大丈夫だろう……」「上司にはあとで報告すればよいだろう……」と思いこんで、物事を進めようとしたことはなかったでしょうか？　思い当たる節があるなら、上司の横槍はあなたの「報連相不足」が原因かもしれません。管理職と言えども、上司への「報連相」は欠かせないものなのです。特に、**何か新しいことを始めようとする場合は“事前に”上司へ相談する習慣をつけましょう。**「○○（という新しいこと）を始めたいのですが、部長はどう思われますか？」とアドバイスを仰ぎ、承認を取りつけてから動くのが基本です。上司も自分が承認したことであれば、横槍を入れるようなことはしないでしょう。むしろ、あなたが困った時には手を貸してくれるかもしれません。「この程度のことは私に相談しなくていいよ」と言われるようになるまで、上司への相談は欠かさないようにしましょう。

またご質問のケースではもう1つ、上司に相談した段階で「ノー」と突き返されているということも考えられます。その場合（あなたの会社や上司が新しい提案を“まったく”受けつけない特性を持っている場合を除いて）、上司があなたの“本気度”を測るために「やり直し」を命じている可能性があります。意外に思われるかもしれませんが、部下を育てる意識の高い上司ほどそのような傾向が顕著です。「これでも考えたの？」「他に手立てはないの？」といった質問を投げかけて、部下がどのように対応するかテストするのです。

持ってきた提案をすぐに引っ込めてしまうようであれば、「その程度の覚悟しかない」と判断されるかもしれません。**あなたが“本気で”新しいことに取り組もうとしているならば、二度三度「是非、これでやらせてください」と直談判してみるとよいでしょう。**「そう言ってくるのを待っていたよ」とばかりに上司が支援を申し出てくれるかもしれません。

いずれにせよ、管理職ともなれば自分の上司を動かせなければ存在価値はありません。**上司を動かすには、自らがチャレンジングな目標に挑戦することを宣言するのが一番です。**「○○という高い目標をやり遂げてみせます」と宣言して、上司の理解と賛同が得られるように働きかけましょう。そうすれば、大半の上司は惜しみない支援をしてくれるはずです。**“上司をあなたの戦力にする”**と言ったら上司に対して不遜な物言いになるでしょうが、それくらいの心積もりでいるとよいでしょう。

Q21 上司とのコミュニケーション編

そりが合わない上司とどう向き合うか？

上司（部長）とのそりが合いません。頻繁に衝突を繰り返してしまい、最近ではコミュニケーションもほとんどない状態です。部下のためにも上司との関係を改善したいとは考えているのですが、どうすればよいのかわかりません。

A お互いが生身の人間である以上、どうしても“そりが合わない”ということもあります。そのような場合、プライベートな関係であれば、お互いがつきあわなければ済む話です。しかし、上司・部下の関係ではそうもいきません。折り合いをつけなければ、仕事に差し障りが出てくるのは避けられないでしょう。またご質問のように、上下の管理職同士（例えば「部長と課長」）がうまくいっていないとなると事態は一層深刻です。指揮系統が遮断されてしまうので、上位の方針が現場に正しく伝わりません。結果的にもっともネガティブな影響を被るのが現場の部下たちです。あなたは一刻も早く上司との関係を改善して、自分が預かる組織の機能を回復させることに努める必要があるでしょう。

上司との関係を改善させるにあたって重要なのは、**上司に変化を期待するのではなく、上司に対する自分の意識を変えることです。**“そりが合わない”原因を上司に求めても始まりません。上司を選ぶことはできなくても、上司との接し方は自分で選ぶことができるのです。ここでは、相性が悪い上司や苦手な上司と向き合う際のポイントを紹介しましょう。

①上司に対する固定観念を捨てること

「上司は有能であるはずだ」「上司は有能であるべきだ」という固定観念は捨てましょう。これらの固定観念を持っていると「自分が今、恵まれていないのはダメな上司に原因がある」という他律的な意識が強くなります。“上司も人の子、欠点が多くて当たり前”くらいの意識で接するようにすれば、感情的に衝突することも少なくなるはずです。

②上司に（過度の）期待を寄せないこと

「とんでもない、あんな上司に期待などしていません」という方がいるかもしれません。そのような方は「上司が○○してくれない……」と思ったことがないかどうか、自分の胸に聞いてみるとよいでしょう。ひょっとすると、無意識のうちに上司に対する依存心が芽生えているかもしれません。

③上司を“お客様”と思って接すること

上司にもさまざまなタイプがあります。成果を重視する上司、チームワークを重視する上司、論理的な志向が強い上司、直感的な志向が強い上司、安全を好む上司、挑戦を好む上司……。それぞれのタイプに得意なことと苦手なことがあります。上司を“お客様”と思って接すれば、おのずと上司の足りない部分を補おうとする意識が働いてきます。このような“上司を補佐するフォロワーシップ”が発揮できるようになれば、上司との信頼関係が強化されるでしょう。

Q22 上司とのコミュニケーション編

年下の上司とのつきあい方

年下の上司との関係に悩んでいます。彼に協力しなければならないと頭では理解しているのですが、感情的に納得できていないところもあって、つい反抗的な態度をとってしまいます。年下の上司とうまくつきあっていく秘訣があれば教えてください。

A 大半の組織はリーダー（管理職）とフォロワー（部下）で成り立っています。管理職はそれぞれの組織においてリーダーであると同時に、直属の上司のフォロワーでもあるのです。その意味で、**組織の管理職には“リーダーシップ”だけではなく“フォロワーシップ（部下としての力）”が求められる**と言ってよいでしょう。ご質問のケースで、あなたが年下の上司に対して感情的になってしまうのは「俺の方が年上（先輩）なのに……」という意識があるからでしょうか？　上司に対する“抵抗勢力の長”としてあなたが存在感を発揮したいのであれば話は別ですが、そうでないならば早急に上司への態度をあらためる必要があるでしょう。あなたが健全なフォロワーシップを発揮することで、年下の上司との関係も改善されるはずです。管理職として健全なフォロワーシップを発揮するには、以下の4つのポイントを意識して取り組むとよいでしょう。

①上司が打ち出す方針を遵守し実践すること

そのためには、上司が打ち出す方針を十分に理解しておかなければなりません。日頃から緊密なコミュニケーションを図り、上司の考え方を理解するように努めましょう。上司の考え方や方針に疑問を持った場合は、納得できるまで対話を重ねることが大切です。上司の方針を部下の前で批判したり、反発を示したりするのは原則タブーです。

②共通目標を達成するために貢献すること

上司が預かる組織全体の共通目標を達成するために貢献することが、フォロワーシップの要（かなめ）となります。業績目標はもちろんのこと、組織が抱える諸問題を解決することにも率先して取り組むようにしましょう。そのことで、上司に対してだけではなく、部下や周囲の人たちに対しても貢献することができるのです。

③主体性を持った批判力を発揮すること

「イエスマン」は健全なフォロワーとは言えません。完璧な上司は存在しないからです。上司の指示が正しいのか自分なりに考えて判断し、あえて上司に提言することも必要です。その際、上司を正面から批判してはいけません。「○○を実現するためには△△という方法もあると思うのですが、部長はどう思われますか？」など、上司の反感を買わない表現を工夫して提言するようにしましょう。

④従うことに素直であること

どのようなことに従い、どのようなことに従ってはならないのかを判断するのは③で述べた主体性に関わってきますが、指示に従う際には“気持ちよく”従うようにしましょう。「はい、わかりました」と素直に従えることも、管理職としての大切な能力です。

Q23 上司とのコミュニケーション編

女性上司とのつきあい方

管理職になったばかりの私の上司は女性の管理職です。男性の上司であれば「口に出さなくてもわかっている」という暗黙の了解で仕事がスムーズに進められることもあるので、正直なところうまくやっていけるか心配です。

A いまだに多くの男性が、「女性の下では働きたくない」と本音では思っているようです。その理由を聞くと、女性は「感情的である」、「視野が狭い」、「長期的な捉え方ができない」などという言葉が出てきます。では、男性上司にはそういう人はいないのでしょうか？　感情的な振る舞いをする人や、目の前のことばかりにこだわって長期的な判断ができない人は、男性上司にもいるはずです。**男性も女性も同じように欠点を持っているにもかかわらず、「女性管理職だから……」という理由を並べるのは偏見以外の何ものでもないでしょう。**例えば、男性が大きな声で怒れば単に「怒った」と表現されるのに対して、女性が怒った時は「きつい」「ヒステリー」と表現されるのも偏見の一例です。もしも、あなたがこのような女性に対する偏見を持っているならば、その女性上司とうまくやっていけるかどうかを考える前にこれらの偏見をなくすことが先決です。間違っても、自分の部下の前で「女性管理職だから……」という個人的な偏見の押し売りをしないようにしましょう。

また、ご質問にあるような男性間で成り立っている“暗黙の了解”は、男性中心の組織であったがゆえに生み出された産物だと言えるでしょう。代表的なものは、喫煙コーナーや飲み会の場で交わされるコミュニケーションによって共有される男性同士の価値観です。そのようなインフォーマル（非公式）な場では、公にされていない人事情報や職場では聞けない本音などがやりとりされ、“暗黙の了解”として存在してきました。これらの“暗黙の了解”の中には、明文化されていない組織のルールや仕事の進め方に関する約束事なども含まれています。これらの情報がインフォーマルな場で上司や先輩から教えられて、男性社員にのみ伝承されてきたのかもしれません。本来であれば、フォーマル（公式）な場できちんとしたコミュニケーションによってもたらされるべき情報までもが“暗黙の了解”として存在しているのは大きな問題です。事実、男性だけのネットワークで交わされる情報を得る機会に恵まれないことが、女性管理職の大きな悩みになっていることも少なくないのです。**“暗黙の了解”に頼らざるを得ない組織は健全な状態にあるとは言えません。**女性上司の下で働けることをチャンスと捉えて、公明正大な経営センスを身につけるよう努めていきましょう。

有能と言われる上司はほんの一握りです。**ほとんどの上司には足りないところがあるものです。それを補うのもあなたの役割でしょう。**高い専門知識は持っているけれども横のコミュミニケーションに欠ける上司であれば、指揮命令系統を犯さない範囲であなたが補ってあげればよいのです。これは、上司が女性であろうと男性であろうと同じことです。あなたが上司として認め接することで、お互いに良好な関係を築くことができるはずです。

Q24 上司とのコミュニケーション編

上司の「短絡指揮」にどう対処するか？

上司（部長）は、私の部下に対して直接指示をすることが頻繁にあります。時には、私が出した指示と違う指示を出すこともあるので、部下たちも困っているようです。このような上司に対して、私はどのように対処すればよいのでしょうか？

A ご質問のように、指揮命令系統をショートカットして上司が直接指示を与えることを「短絡指揮」と呼んでいます。**「短絡指揮」は部下たちに混乱を生じさせるばかりでなく、直属の上司である管理職のマネジメントやリーダーシップにも悪影響を及ぼしかねないので、原則してはならないことです。**

とは言え、上司が「短絡指揮」をとることは“絶対に”してはならないかと言えば、そんなことはありません。新任の管理職など経験の浅いマネージャーを育成するために、上司が「短絡指揮」をとることもあれば、組織全体に与えるインパクトが大きいトラブルへの対応などにあたっては、むしろ積極的に「短絡指揮」をとった方がよいこともあるのです。

しかし、常日頃から上司があなたの部下に対して頻繁に口を出しているとしたら、上司に働きかける必要があると言えるでしょう。この際に注意したいのが、**①上司に恥をかかせないこと、②部下の前で上司に謝罪すること、**の2点です。

まず、①は上司に対してどのように話を切り出すか、がポイントになります。「私が管理職ですので、今後部下には直接指示を出さないでください！」とストレートに切り出してしまうのは、上司の感情を考慮すると得策ではありません。上司が部下である管理職（あなた）によかれと思い「短絡指揮」をとっているケースもあるからです。ここは、まず**「私の不注意で、部下への指示や指導を○○部長（上司）にさせてしまって申し訳ありません」**と謝罪の言葉から切り出すべきです。そして**「私もまだまだ行き届かないところがあるかもしれませんので、今後気づいたところがあれば、私に直接指示、指導をお願いします」**と管理職である自分に指示を出してほしい点を上司に願い出るのです。

次に、②は管理職である自分が近くにいるにもかかわらず、上司が部下に対して指示を出し始めた時に注意すべきポイントです。この時、管理職として絶対にしてはならないのは上司から部下への指示が終わるまでそばにもいかず、指示が終わったあとで「部長、何て言っていた？」などと部下に尋ねることです。これでは、部下からの管理職への信頼感は皆無に等しくなってしまいます。この場合、**上司が部下に指示を出し始めたら、すぐにその場へ飛んでいき、自分が指示を受ける姿勢を示すことが重要です。**その際も指示を受けるだけではなく、上司に対して「私の不注意が原因で気がつきませんでした。申し訳ございません」と謝罪することを忘れないようにしましょう。部下に対しても、そのあとで「君がもう少し早く報告してくれれば……」などと責めたり、「相変わらず部長も困るよな……」などと部下に迎合するような姿勢を示したりすることは厳に慎むべきです。あくまでも、組織の指揮官として責任を全うする姿勢で臨むことを心がけましょう。

上司からの「短絡指揮」があった際に、二度三度これらを繰り返すことで「短絡指揮」は随分と減ってくるはずです。

Q25 上司とのコミュニケーション編

朝令暮改を繰り返す上司

上司の判断や指示がコロコロと変わります。その内容も一貫性を欠き、ひどい場合にはまったく逆の判断を下したり、指示を出したりすることさえあります。彼を支える管理職として、どのように対応すればよいのでしょうか？

A 組織の中間管理職である以上、最終的には上司の指示・命令には従わなければなりません。しかし、ご質問にあるような「朝令暮改型」の上司に振り回されていると、管理職であるあなた自身のリーダーシップにも悪影響が現れてきます。つまり、あなた自身のことを“言うことがコロコロ変わる朝令暮改型の管理職”“上司にものが言えない弱腰な管理職”であると、部下たちに判断されてしまう恐れがあるのです。そのようにならないためにも、あなたが上司に働きかける必要があるでしょう。

朝令暮改型の上司にも大きく2つのタイプがあります。1つは典型的な**“イエスマンタイプ”の上司**です。経営トップや事業部のトップが下す指示・命令は絶対であると考えている“上意下達意識の強い管理職”、あるいは、争いを好まず摩擦や衝突を極力避けようとする“ことなかれ主義の管理職”がその代表格です。いずれも上に対して「ものが言えない」

傾向を持っているので、“お上”が朝令暮改を繰り返していても「恐れながら……」と意見を具申することができません。イエスマンタイプの上司が朝令暮改を繰り返すのは、さらに上の上位管理職が朝令暮改を繰り返すからです。

もう1つのタイプは、自分自身が**“移り気なタイプ”の上司**です。このタイプの上司は、常に新しいアイデアを求めていて同じ場所にとどまるのを好みません。中には卓越した事業センスを持ち、次々とヒットを飛ばすアイデアマンもいますが、現場を右往左往させただけで1つも実りをもたらさないという迷惑な上司がいるのも事実です。

タイプは違えど共通しているのは、それぞれの“朝令暮改”に対して部下が納得いくような説明をしないという点です。イエスマンタイプであれば「“お上”の声だからしかたないんだよ……」という程度が関の山でしょうし、移り気タイプであれば「昨日と今日では事情が違うんだよ……」などと話してくれればよい方でしょう。そのような上司を戴く管理職は、部下のためにも粘り強く上司と語り合うしかありません。その際、「どうして、部長の指示はコロコロ変わるんですか！」などとストレートに詰問しては感情的なしこりを残すだけです。ここは、「先週指示いただいた内容と違うのは、部長自身のお考えにどんな変化があったからですか？」と上司を主人公とした質問を投げかけて、上司自身の責任感に訴えかけるようにするとよいでしょう。**上司の立場や考えにも理解を示して“粘り強く”語り合うことが重要です。**また、時には「この（朝令暮改が繰り返される）状況では、管理職である私の責任が果たせません！」と上司を突き上げる必要もありますが、そのような姿を部下の前で披露するのは原則タブーです。どんなタイプの上司でも、上司として接することを忘れないようにしましょう。

Q26 上司とのコミュニケーション編

多忙な上司への報連相

上司は私が預かる部署を含め、4つの部署を管轄する部長です。出張や会議も多くあるため、顔を合わせる機会が月に数回しかないということもあります。「部署の経営は君に任せたよ」とは言われているものの、直接相談したいことも多くあるので困っています。

A 管理職と言えども、上司への報連相が欠かせないことはQ20でも述べました。上司から「任せたよ」と言われていても、現場の管理職1人では処理できない問題がいくらでも発生します。あなたが独断で処理を進めて問題を大きくしてしまい、上司の責任問題にまで発展することもないとは言い切れません。そのような場合に、万が一あなたの上司が“はしごを外す”ことでもすれば、“スケープゴート”になるのはあなた自身です。そんなリスクを背負わないためにも、また、上司を動かしてより大きな責任を果たすためにも、上司との間には緊密なコミュニケーションを保つ工夫をして、多忙な上司をしっかりとグリップしておく必要があります。

上司が“不在がち”であるといったご質問のようなケースでは、**週報などの報告書をしっかりと作成して定期的な報告を怠らないようにする**のはもちろんのこと、**週に2，3回は電話連絡を入れて“押しかけ報告”**

をするように心がけるとよいでしょう。多忙な上司は「そんな用件で電話を入れてくるな」と言うかもしれませんが、そこで押し切られてしまってはいけません。「部長のお耳に入れておかないと心配ですので……」などと殊勝なトークを使ってでも、電話連絡を習慣にしましょう。不測の事態が発生した時にも「これは上司に伝えるべきか否か」と思い悩むことなく、常に連絡できる関係をつくっておくことが重要なのです。

また、多忙な上司に相談を持ちかけるにあたっては、次の3点に注意を払うとよいでしょう。

①自分の考えや意思を明確に示す

まずは、自分が管理職として「どうしたいのか」を明らかにする必要があります。「○○をしたいのですが……」「○○の問題に対して、私はこのように対処したいのですが……」と切り出すようにしましょう。

②“結論－理由－問われて経緯”の順番で話す

こちらから話す時だけではなく、上司からの質問に対しても“結論－理由－問われて経緯”の順番で答えましょう。①で挙げた例を用いれば、「○○の問題に対して、私はこのように対処したいのです。理由は……」となるでしょう。あれもこれも耳に入れておきたいからと言って、ダラダラと事情説明をするのが一番よくありません。

③上司に何を求めているのかをはっきりと伝える

ただでさえ忙しい上司です。「で、何が言いたいわけ？」「何の相談なの？」などと言われないよう、「○○の件を早く承認してください」「これでやってよいかどうか判断ください」「今後この件は私の判断で行ってよいですか」など、上司に期待するアクションをはっきりと伝えましょう。

Q27 上司とのコミュニケーション編

上司とのプライベートなつきあい

今の上司とはプライベートでも家族ぐるみのつきあいがあり、職場での関係も良好です。しかし、最近私たちの関係を指して「けじめがない」などという噂があるようです。どうすればよいでしょうか？

A **職場の人間関係には“公明正大さ”が欠かせません。**特に、上下で利害関係がある上司と部下との関係であればなおさらです。仕事にプライベートの関係を持ち込み、評価に手心を加えているなどと周囲から思われているようであれば大問題です。あなたと上司との関係に“やましい”ところがないのなら、周囲の誤解を解くために職場での言動をあらためる必要があるでしょう。まずは、周囲の誤解を招くような言動がなかったかどうかを思い返してみてください。

例えば、業務時間中に「週末のゴルフの待ち合わせはどうしようか？」とか「女房の実家から特産品が送られてきたのでお裾分けするよ」などという会話が、上司との間で交わされてはいなかったでしょうか？本人たちは何の気なしに話しているつもりでも、周囲からすれば「あの2人は癒着している」と勘ぐってもおかしくない会話です。あるいは、夕方の会議後にはいつも2人連れだって飲みに出かけるというようなことはないでしょうか？　末端の部下からすれば「部長と課長が、酒の席で何かよからぬ企みをしている」などと陰口の1つも叩きたい思いを抱くかもしれません。

管理職ともなれば、組織の中ではまごうことない“公人”です。「清廉潔白、私心淡泊、信賞必罰」の姿勢がなければ、周囲から後ろ指を指されかねない立場にあると肝に銘じておかなければなりません。もちろん、上司とプライベートなつきあいを持ってはならないと言っている訳ではありません。公私のけじめはきちんとつけるべきであると言っているのです。

そのことを周囲に示すには、正反対の2つの方法しかありません。1つは職場ではプライベートな関係を一切開示しないという方法、もう1つはすべてオープンにして他の同僚や部下も積極的に巻き込むという方法です。ただし、いずれの方法にも大前提があります。それは、仕事での関係は通常の同僚との関係よりも、シビアなものに徹するということです。組織においてお互いが甘え合う関係はたとえそれがどんな関係であっても、組織によい影響を及ぼさないからです。

最後に私ごとで恐縮ですが、昔、部下たちの家族（配偶者）の誕生日に花を届けさせる趣味を持った上司がいました。上司に他意はなかったのだとは思います。しかし、どう受け止めたらよいものか、お返しは必要だろうか、などと戸惑った記憶があります。上司と部下との間に親密感は必要ですが、節度を守った“つきあい”にとどめておかなければ、組織のモラル（倫理・道徳）は低下します。「モラルなくしてモラール（士気）なし」モラルが維持されなければ、集団の士気も低下してしまうのです。

4.部下とのコミュニケーション編

Q28 部下とのコミュニケーション編

部下との最初の対話

隣の部署の管理職に抜擢されました。業務内容は十分に把握しているものの、部下となるメンバーたちは顔と名前を知っている程度です。彼らとコミュニケーションを図る上で注意すべきポイントがあれば教えてください。

A 新任の管理職を迎える部下たちは、「新しい上司はどのような人なのか？」、「どんなことを考えているのか？」をとても気にしているものです。中には、今まで自分が担当していた職務や責任に変化が起こることに対して神経をとがらせている部下や、新しい管理職が自分の上司としてふさわしいかどうか、“お手並み拝見”とばかりに様子見を決め込んでいる部下もいるかもしれません。

他方管理職としても、部下たちがどんなことを考えているのか、自分が預かった組織がどのような傾向を持っているのか、を早急につかむ必要があります。そのためにも、管理職となったらできるだけ早く、部下の1人ひとりと対話の場を設けなければなりません。

ここでの対話のポイントは、**①1人ひとりの部下と個別に面談する、②面談の順番に注意する、③傾聴を心がける、**の3つです。

①に関して、まずは管理職が1人ひとりの部下と向き合う姿勢を持っていることを示しましょう。また、新任の管理職が赴任したタイミングで、今までは上司や皆の前では話しにくかったことや、個人的に抱えるデリケートな問題などを相談しようとしている部下がいることもあります。赴任したばかりの管理職であれば、どんなに忙しくても、部下1人につき最低1時間程度の時間をかけて対話を実施してください。

個別の面談をセッティングする際に注意したいのが、②の面談の順番です。原則、組織内で職位の高い部下、キャリアと年齢の高い部下から順番に面談を実施するようにしましょう。これは、部下の序列に配慮を示すために欠かせないことです。ベテランの部下に「なんでアイツ（後輩）より俺の面談があとなんだ！」などと、いらぬ抵抗感を持たせるのは得策ではありません。何ごとも最初が肝心、部下たちの心情に心配りを示して、円滑なコミュニケーションをスタートさせましょう。

そして、**最初の対話では③の傾聴が特に重要です。**管理職が話しすぎないよういくつかの質問を用意しておくことをお勧めします。例えば、

- **今まで力を入れてやってきたことはどんなことか？**
- **これから力を入れてやっていきたいことはどんなことか？**
- **上司としての自分に期待することはどんなことか？**

など、部下の意欲を引き出すヒントを把握できるような質問が効果的です。

赴任したての管理職と部下との対話には緊張感がつきものです。部下からすれば、「この上司はどんなことを言い出すのだろうか？」との警戒心を持って対話に臨みます。最初の対話では、そのような部下の心情に配慮しながら、「この上司には話をしても大丈夫だ」という信頼関係を築くきっかけをつくりましょう。

Q29 部下とのコミュニケーション編

日常対話のポイント

私はお世辞にもコミュニケーション上手とは言えないタイプの管理職です。苦手意識もあって部下との対話もぎこちなく、話をするのもおっくうになりがちです。部下とうまくコミュニケーションをとるには、どうすればよいでしょうか？

A ビジネス上のつきあいではあっても、上司と部下の関係が人間関係であることに変わりはありません。お互いの“人となり”を理解している方が仕事もスムーズに進められるものです。そのためには、やはり部下とのコミュニケーション、特に日常の対話が欠かせません。

日常対話のポイントを一言でまとめると**「明るく、しばしば、傾聴する」**と言えます。まず**「明るく」は文字通り、明るい雰囲気で話しかける、話を聞く、ことです。**大多数の部下は、暗い雰囲気の管理職より明るい雰囲気の管理職を好みます。人間関係を左右する“相手に対する好悪の印象”を考慮するならば、明るい雰囲気を演出することが大切です。自分はどうもコミュニケーションが苦手だと感じている管理職は、部下と話す際に自分の表情や声の調子がどのような雰囲気になっているか、を一度チェックしてみるとよいでしょう。表情が乏しい、声が小さい、ひどい場合には部下の顔すら見ていない、などということがあるかもしれません。口べたな管理職であっても、部下の話を聞く時くらいは、務めて笑顔でいることを意識してみるとよいでしょう。

次の**「しばしば」とは対話の頻度を多く、ということです。**時間をかけてじっくりと対話をするのはもちろん重要ですが、部下との人間関係を構築するには、いつでも話ができるという環境が必要なのです。そのためにも、折に触れ部下に声をかける習慣をつけたいものです。雑談が苦手な管理職なら、仕事に関することでも構いません。例えば、「○○の件で困ったことがあったらいつでも相談に乗るよ」と相談を歓迎する姿勢を伝えたり、「△△の件は本当に助かったよ」などと部下の仕事に関心を寄せている姿勢を示したりすることから始めるとよいでしょう。気をつけたいのは、部下をチェックするような言葉で声をかけないことです。「あの件どうなった？」ばかりでは、部下との距離はますます遠のく一方です。

最後の「傾聴する」には注意が必要です。**傾聴とは部下の心に耳を傾けて「聴く」ことですが、部下に話すべきことがなければ管理職がいくら耳を傾けても対話は成立しません。まずは管理職から自分のことを話すようにしたいものです**。特に、自分の価値観やプライベートに関する話題はこちらから開示するようにしましょう。もちろん、最初から重すぎる話題はふさわしくありません。趣味や休日の過ごし方など比較的身近な話題で自分を開示するのです。逆に部下に対して「趣味は？　家族は？　休日は何しているの？」などと尋問するようなことはタブーです。

部下は管理職の価値観や人柄に触れることで「人対人」の距離感を測ろうとします。管理職との人間的な距離感がつかめないままでは、当たらず障らずの人間関係に終始することになるでしょう。そのような関係では、管理職の想いも伝わることはありません。しかし、日常対話によって人間関係が構築できていれば、管理職の考え方や想いに対して共感を示してくれることが多くなるはずです。またそればかりではなく、管理職にミスリードがあった時、部下が支えてくれることもあるでしょう。

Q 30 部下とのコミュニケーション編

指示の出し方

部下に指示を出しても、思ったように動いてくれません。部下に反抗されているという訳でもなく、部下の能力が著しく低いということもなさそうです。したがって、私の指示の出し方が悪いような気がするのですが、どのように指示を出せばよいのでしょう？

A 指示の出し方に問題があると感じているのであれば、指示の出し方を変えてみてはいかがでしょうか。1つ参考になりそうな指示の出し方に、**“指示書”を作成してそれに沿って部下に指示を出すという方法があります。**

考えてみれば、部下には報告書で報告をさせながら、管理職の指示は口頭だけというのは少し乱暴にすぎるかもしれません。

指示書を作成する意味は2つあります。1つは、指示を出す際に管理職が指示の内容を整理するため。もう1つは、指示すべきことだけを明確にするためです。指示して取り組ませるべきレベルではないこと（優先順位が高くない作業など）まで指示してやらせていると、部下が指示されることに慣れてしまい、重要度が高い指示とそうでない指示との判断がつかなくなってしまいます。これらの理由から、部下が管理職の指示を確実に実施できるようになるまで、指示書を作成してみることをお勧めします。

次に、どのように指示書を作ればよいかを簡単に紹介します。

基本的には報告書などと同様に、「6W2H」に則って作成すればよいでしょう。

Who(誰が)	指示を出す部下、社内で協力をしてもらわなければならない相手やサポートにつけるスタッフなど
Whom(誰に)	対象となる相手（お客様先や交渉先）など
Where(どこに)	対象となる市場や分野など
What(何を)	商品・サービス、対象となる人や情報など
Why(なぜ)	目的（背景情報も含めればなお可）など
When(いつ)	納期など。“いつまで”だけではなく、“いつから”も設定しておくと、さらによい
How to(どのように)	方法など。また、制限や前例、経験則などがあれば情報として掲載する
How many(どれだけ) How much	目標値、数量など

これら8項目が明確になれば、部下も真剣に取り組まない訳にはいかないでしょう。逆にこれらがしっかりと書けないということは、指示の内容があいまいであると判断できます。

もちろん、指示の内容は部下のレベルに合わせて細かくするのか、概要だけにするのかを判断する必要があります。注意すべきは、目的に対する方法が種々考えられる場合、部下が考えて行動する余地を残しておくことです。

最後にこれら6W2Hとあわせて、指示を出す際に部下に対して伝えたいことがあります。それは管理職としての“想い”です。なぜ、その部下にその仕事をしてもらうのか、その結果どうなってほしいのか、何を学んで何を経験してほしいのか、を明確に示すことができれば、部下も指示に対していいかげんな仕事はしないでしょう。

Q31 部下とのコミュニケーション編

部下の褒め方・叱り方

私は部下を褒めたり叱ったりするのが苦手です。ビジネス書などを読んで学んだことを試したりするのですが、どうもうまくいきません。部下の褒め方・叱り方に関しての基本を教えてください。

A 今日から実践できる部下の褒め方・叱り方の基本5ヶ条を紹介しましょう。

まず第1条は、**「明るく褒めて、明るく叱る」**ことです。明るく褒めることに関してはご説明の必要がないかもしれませんが、控えめな日本人にとっては、これがなかなか難しいようです。部下の手柄や成長は、管理職の成果でもあります。「よくやった！」「おめでとう！」などのシンプルな褒め言葉を使って、自分の喜びを大げさなくらいの笑顔で伝えるようにしましょう。また部下を叱る時には、自分は管理職としてその行為やミスを認められない、としっかり伝えます。その際、感情的になったり、小言を並べたりしてはいけません。また、「だいたい、君はいつもそうだ……」などと部下の人間性を否定するような叱り方も禁物です。叱る対象は事実や事象であり部下の人間性ではありません。そして、叱ったあとで感情的なしこりを残さないようにするのが、明るく叱るということです。

第2条は、**「しばしば褒めて、しばしば叱る」**ことです。「褒められず、叱れず」の管理職よりも、試行錯誤しながらも「しばしば褒めて、しばしば叱る」管理職の方が結果的に組織をうまくまとめ、部下を早く成長させています。これは、褒める・叱るという行為が“部下に関心を寄せている”というメッセージになっているからです。よく褒められ、よく叱られる部下は、管理職からの期待を感じるようになっていきます。

第3条は、**「すぐ褒めて、すぐ叱る」**です。褒めるにせよ叱るにせよ、すぐにアクションを起こさなければ、その効果は半減します。できる限り、素早く褒めて、素早く叱ることが重要です。

第4条は、**「TPPOに配慮して褒める、叱る」**です。「TPPO」とは、「TPO（時・場所・場合)」に、もう1つの「P」(Person：人）を付したものです。すべての部下に対して同じ褒め方、叱り方で臨むのは管理職として芸がありません。人間的特性をつかみ、もっとも効果的なやり方を見つける必要があります。例えば、一般的には部下を褒める際には大勢の前で、叱る際には2人の場で実施するのがセオリーとされています。しかし、逆に大勢の前で叱り、2人の場で褒めた方が伸びる部下もいるのです。

最後の第5条は、**「イベントを使って褒める、叱る」**です。イベントを使うとは、会議や朝礼といった場を効果的に用いることを意味しています。特に部下を褒める際にイベントを使えば、その部下にスポットライトを当てることで本人の意欲が高まる、という効果が期待できます。逆に、叱る際には注意も必要ですが、管理職の「罰ライン（同じことをしたら罰せられるという基準)」を部下全体に示す効果があります。

まずは、5ヶ条のうち第1条～第3条の3ヶ条を実践することをお薦めします。

Q32 部下とのコミュニケーション編

悪い報告が遅い

悪い報告がいつも取り返しのつかない所までいってから、上がってきます。よくない結果になりそうだと感じたら、すぐに報告してほしいのですが、どうすればよいのでしょうか？

A 管理職が組織におけるマイナスの要素をできる限り早い段階で察知し、手を打ちたいと思うのは当然のことです。けれども、部下の立場ではどうでしょうか？“見通しがよくない”とか“悪い結果が出そうだ”という報告は、部下からすれば言い出しにくいものです。そのために悪い結果が決定的になってから、“しかたがないから報告する”という流れになってしまうことが多いのです。ご質問の状況を考えると、おそらくこのような流れになってしまっているのだろうと推測できます。では、どうすればよいのでしょうか？

まずは、部下が悪い報告を上げてきた時の自分の言動を思い出してみてください。怒ったり、問い詰めたりしてはいないでしょうか？「何年この仕事をしているんだ？」と部下の能力を疑うような発言や、「で、どうするの？」などと責任や対応を部下だけに押しつけるような発言があったとしたら、そこが原因です。

部下からすれば、“悪い報告は評価を下げるだけだ”とか“怒られた上に自分だけで解決しなければならないなんて怒られ損だ”などと感じることでしょう。そして悪い結果が出た時に、また怒られるというマイナスのことでしかないからです。

では、部下が悪い報告をした時に、管理職はどんな対応をすればよいのでしょうか？

まず、**「報告をしてくれたことに感謝する意識を持っておく」**ことが大切です。もちろん、“悪い結果でもいいよ”ということではありません。ここでは“早い報告”という行為自体を評価するのがポイントです。

報告を受けたら、**「一緒に（または組織全体で）対策を検討し対応する」**ようにしましょう。早く報告することで上司や他のメンバーの協力が得られる、被害を最小限に食い止める努力をしてくれる、ということが実感できれば、部下自身が“早い報告”を心がけるようになるでしょう。そして、仮に悪い結果になったとしても、報告を受けた時点からは管理職の責任として対応することも忘れないようにしましょう。

悪い報告に相対する際、管理職は**「ノープレー・ノーエラー」「報告より相談」**と心得ておくようにしましょう。

「ノープレー・ノーエラー」とは、エラーがないのはプレーしていない証拠という意味です。活動量が少ない部下は成果もミスも少ないですし、活動量が多い部下は成果もミスも多くなります。部下のエラーは動いている証拠、と思って歓迎する心構えが必要です。

しかし欲を言えば、報告の前に相談が上がってくるようにしたいものです。相談ができる部下にするためには、Q61を参考にしてください。

Q33 部下とのコミュニケーション編

部下の不平や不満にどのように対応すればよいのか？

私の部下たちは、経営方針や職場環境に対する不平や不満が多いように感じています。管理職として彼らの話に耳を傾けるようにはしていますが、彼らの不平や不満が解消されることはありません。部下の不平や不満には、どのように対応すればよいのでしょうか？

A 同様のご質問は多くの管理職から受けることがあります。昨今の管理職は概ね部下の話に耳を傾ける姿勢を持っているので、部下の不平や不満に対しても「うん、うん」と話を聞いてしまうことが多いようです。しかし、これらの不平や不満の処理を誤り、自らを窮地に追い込んでしまう管理職もいます。つまり、「話を聞いてもらったので、何らかの前向きな回答があるはずだ」との誤解を部下に与えてしまい、上司部下間の信頼関係を損なってしまうのです。管理職は、部下の話、とりわけ彼らの不平や不満に耳を傾ける際には、「部下の話に耳を傾ければ管理職には必ず責任が発生する」くらいの覚悟を持っておく必要があります。その上で、部下の不平や不満を聞く際に気をつけておかなければならない4つのポイントを紹介しましょう。

①不平や不満を歓迎する姿勢を持つ

不平や不満は期待の裏返しです。特に、管理職である自分への不平や不満に対しては、感情的に反論したりしないよう気をつけましょう。

②頭ごなしに否定しない

最近では、部下が不平や不満を漏らした途端に否定するタイプの管理職は減ってきています。けれども部下が、あれもこれもと不平や不満を並べ出すと“堪忍袋の緒が切れる”よろしく「だいたい君は、やりもしないで不満ばかり言う……」と小言を並べだす管理職もいます。不平や不満を肯定する必要はありませんが、最後まで話を聞くことが大切です。

③経営や上司のせいにしない

「経営方針だからしかたないだろ？」「部長が言っているからどうしようもないんだよ……」など、不平や不満の原因を経営や上司の姿勢に求めてはいけません。そのような管理職に部下が信頼を寄せることはないでしょう。

④安易に迎合しない

言質《げんち》を取られるような軽はずみな対応は命取りになります。部下の考え違いや捉え違いに対しては、管理職としての自分の考えを粘り強く伝えましょう。決して妥協してはいけません。改善できないことは、「改善できない」とはっきりと示す必要があるのです。

誤解がないようにお願いしたいのは、これらのポイントに気をつけたからといって不平や不満が出なくなるということではありません。管理職がどんな対応をとろうとも、部下からの不平や不満がなくなることはないと肝に銘じておくべきです。管理職としてもっとも恐ろしいのは、不平や不満が隠れて見えなくなってしまうことです。部下の口から不平や不満が出るということは、その組織が健全な組織であることの証明でもあるからです。

Q34 部下とのコミュニケーション編

部下に異動や転勤を伝えるには？

我が社では、本人の意向を無視したような異動や転勤はあまりないのですが、今回部下が嫌がりそうな異動を伝えなければなりません。うまく説得できるかどうか心配です。どのように伝えればよいのでしょうか？

A　人材を適正に配置するための人事ローテーションは、企業が勝ち続けるためには欠かせません。しかし、部下にとって気の進まない異動や転勤を言い渡さなければならない管理職の心中は穏やかではないでしょう。転勤や異動が絶対の命令という組織体質であれば部下も「しかたない」と思うでしょうが、ご質問のように本人の望まない異動がレアケースであるという組織では、その対応に困るのも理解できます。またこのケースの場合、あなたが本人の異動を希望したのではなく、あなたの上司の判断であることが想像できます。

このケースであなたが取るべき対応は、今回の異動がその部下にとって栄転なのか左遷なのかによって異なります。栄転であれば、本人に“チャンス”として捉えてもらえればよいのですから、それほど難しい話ではないでしょう。やっかいなのは、左遷の色合いが濃い異動であった場合です。その場合、上司から本人の異動を打診された際に、あなたの上司とじっくり話し合う必要があります。上司には、本人が異動に強い難色を示すであろうということを伝え、場合によっては、異動を先送りにする（異動の話自体をなかったことにする）という話し合いになるかもしれません。大切なのは、本人のキャリアを親身になって考えてあげることができるのは直属の上司であるあなたしかいない、という意識を忘れないことです。

上司との話し合いの結果、異動の話が確定した場合は、直属の管理職であるあなたから“しっかりと”本人に異動を伝えるようにしましょう。その際にはあなたの想いとして、その部下にもっと存在感のある仕事をさせられなかったことに対するお詫びや、これからの奮起によっては戻ってくるための力になりたいということを伝えましょう。

最後になりましたが、上司から自分が預かった部下の中から誰か1人をコンバートさせたい、と言われた場合についても考えてみましょう。異動の目的にもよりますが、この場合、異動の対象者としてあなたがまず考えなければならないのは“力のある部下”です。あなたが預かる組織にとっては大きな戦力減となりますが、“力のある部下”には幅広い経験をさせて、ますます全社に貢献できる人材に育てていく必要があるからです。そのことで、あなた自身の組織での存在感も増すことにつながります。

管理職になったら、力のある人材を育て、本人にしっかり納得させた上で放出できるようにしましょう。“優秀な人材を囲い込み、自分ばかりよい思いをしている”などと“やっかみ”を受けるようでは、管理職としてよい仕事はできません。部下を異動させることも管理職として、大きな意味のある仕事と捉え、ひるむことなく前向きに取り組んでいくようにしましょう。

Q35 部下とのコミュニケーション編

年上の部下ができました

職務経験豊富な年上の部下がいます。彼は、私が打ち出した方針を守ってくれずスタンドプレイも目立つのですが、彼に遠慮してしまい、注意や指導ができない状態が続いています。年上の部下への対処はどのようにすればよいのでしょうか？

A 昨今では、年上の部下を預かる管理職は珍しくありません。ご質問の方と同様に、悩みを抱えている方は少なくないようです。悩みの多くは、年上の部下の「感情的な抵抗」にどのように対処すべきかで苦慮しているというものです。少し詳しく見てみると、実際に感情的な抵抗に直面しているケースと、感情的な抵抗を恐れて遠慮してしまっているケースの2つに大別できます。いずれも、管理職と部下の間に密接なコミュニケーションが成立することで悩みが解消されるケースがほとんどです。ここでは、そのために欠かせない管理職としての意識と、関係構築のきっかけとなる話法を紹介します。

まず、「管理職＝偉い人」ではない、という意識を持っておくことが大切です。年上の部下に対して、よく「私（管理職）の言うことを聞いてくれない」という話を聞きます。そのような管理職には、意識的ではないにしろ、「部下は上司の言うことを聞くものだ」という姿勢が見え隠れしているものです。管理職とは、預かった組織の責任を果たす役割を持った人のことです。責任を果たすためには、部下たちの協力が欠かせません。その意識を根底に据えておく必要があるでしょう。その上で、彼らが持つ、あるいは持つかもしれない感情的な抵抗感を払拭することが求められます。**ポイントは、年上の部下に対して“遠慮する”のではではなく、“配慮する”ということです。配慮とは、「あなたの経験やキャリア、技能を敬っています」という気持ちを言動で示すことです。**

そして、彼らと密接なコミュニケーションを成立させるために、管理職の方から関係構築の“きっかけ”をつくりましょう。きっかけづくりには、次のような話法が効果的です。

①上司という役割を拝命したことを明確に示す

（例）「このたび、期せずして○○さんの上司という立場になりました」

②責任を引き受けたこと、その責任を果たす熱い想いを伝える

（例）「至らぬ点も多いのですが、今期××億円の目標達成を引き受けた以上、何としてもこの数字をやり遂げたいと思っています。そのためには全力を尽くすつもりです」

③責任を果たすために協力依頼を申し出る

（例）「○○さんのお力添えがなければ、この数字は達成できません。ついては、○○さんのご協力をいただけないでしょうか」

組織の成果を上げるために、「自分（年上の部下）の存在は欠くことのできないものなのだ」という責任意識を高めてもらうことが、この話法のポイントです。彼らの持つ力を存分に発揮させることができるかどうかは、管理職の心構え、部下個人への配慮、そして対話の方法1つで随分と変わってくるはずです。

Q36 部下とのコミュニケーション編

自分より業務能力が高い部下

私が預かる組織では、それぞれが専門性の高い業務を担当しているため、1人ひとりの業務をしっかりと把握できていません。私より高い能力を持っている部下もいて、そのような部下には業務を“任せっきり”の状態です。よくないとは思っているのですが……。

A　昨今は、1人ひとりの社員が担当する業務が、より高度化・専門化する傾向にあります。そのために現場の第一線を支える管理職と言えども、それぞれの部下が担当する業務に精通することが難しくなっています。ご質問にあるように、部下の業務がよくわからない管理職は“手探り”の状態で組織を経営していかなければならないのです。だからと言って、それぞれの部下に“任せっきり”でよいという訳ではありません。

管理職は「組織の成果に全責任を負う人」です。組織の成果に全責任を負うには、それぞれの部下の目標に対する進捗状況や仕事の進め方、専門知識や技術のレベル、組織の内外のメンバーとの人間関係、モチベーションの状況などを的確に把握して、問題点や育成テーマを発見していかなければなりません。「部下の業務がよくわからないので任せています」では管理職の責任が果たせないのです。視点を転じて部下の立場から考えてみても、上司（管理職）が自分の業務を理解していないので「きちんと評価してもらえるだろうか……」「困った時には誰に相談すればよいのだろうか……」といった不安を覚えることでしょう。

自分より業務能力が高い部下を預かった場合には、業務を“丸投げ”にしないよう気をつけなければなりません。間違っても「部下に目標項目と目標値だけを与えて自分（管理職）は業務の進捗をチェックするだけ」という姿にしないことです。部下の業務がよくわからなければ、その部下から直接指導を受けるのもよいでしょう。中には部下に指導を受けることに抵抗感を持つ管理職がいるかもしれませんが、部下を放置することのリスクを考えれば“小さなプライド”にこだわっている場合ではありません。部下に直接指導を願い出ることで、部下とのコミュニケーションが促進されることもあるでしょう。なにも部下より高い業務知識を持つ必要があると言っているのではありません。大切なのは管理職が部下の業務に関心を示し、部下と一緒に業務に取り組む姿勢を持つことなのです。

また、その部下が持つ高いスキルや能力を管理職が認めていることを開示するのも重要です。これは本人に対してだけでなく、他の部下や周囲に対しても開示するとよいでしょう。例えば、本人が不在の際に管理職がその部下を認めている発言をすることで、周囲がその部下の業務に関心を寄せるという効果が期待できます。部下たちがお互いを見守る雰囲気をつくり、本人を孤軍奮闘の状態に置かないようにするのが目的です。**管理職として忘れてはならないのは、たとえ業務に精通していなくても部下の課題をしっかりと把握しておくことです。**そして、適切なタイミングで“助言をする”、“支援を申し出る”などして、部下のモチベーションを刺激するようにしましょう。

Q37 部下とのコミュニケーション編

同期が部下になりました

課長へ昇進し、今まで同じチームで仕事をしていた同期が部下になりました。立場が変わったからと言って、急に態度を変えるのもどうかと思い、普通に接していますが、どうもうまくいきません。思い切って、仕事の時は上司として接するようにすべきでしょうか？

A ご質問にある、上司として接するということは、どういうことでしょうか？　少し距離を置いたり、口調を指示・命令調にしたり、呼び捨てにしていた名前にいきなり“さん”をつけて呼んでみたりするということでしょうか？　それはナンセンスです。

ここではまず、管理職とは何をする人か？　ということを思い出してください。管理職とは“組織の成果に全責任を負う人”のことです。プレイヤーの時より責任は重くなりましたが、偉くなった訳ではありません。昇進すれば、同期が後輩になる訳でもありません。課長とは、部長から引き受けた課の業績責任を果たす役割を担っている機能職です。このことをしっかりと踏まえた上で、部下になった同期に接するように心がけましょう。

管理職の役割をしっかり理解すれば、“今まで通り”では、うまくいかないことも想像できます。同期であれば、今まで色々なことを包み隠さず話してきたはずです。あなたの昇進によってお互いが遠慮してしまったり、どう接していいか戸惑ったりするのも、しかたがないことです。中には、「今までは一緒に愚痴っていたのに、昇進したら急に立派なことを言い出して……」と斜に構えてしまう同期もいるかもしれません。

このような状態を乗り越えるには、まず管理職としての意気込みを真剣に伝える必要があります。**どのような気持ちで管理職を引き受けたのか、管理職になって今何を考えているのか、管理職としての責任をどう考えているのか、などを今まで通り同期としてしっかりと伝えましょう。**そして管理職として、自分が引き受けた責任を果たすためには、部下であるその同期の協力が不可欠であるということも真摯に伝えましょう。

このように、管理職となったあなたから、お互いの関係に変化をもたらすきっかけをつくってください。今までは同期として力を合わせてきた仲間です。管理職となったあなたの熱い想いが伝わり、協力しようと思ってもらうことができれば、あなたにとって一番の戦力となってくれることでしょう。

もし、協力が引き出せず、いつまで経っても反発するような態度や組織運営に支障をきたすような行動をとるようであれば、組織を預かるリーダーとして強制力を発揮することも考えなければなりません。その場合は、自分の上司にも相談し、サポートを依頼して進めるようにしましょう。

Q 38 部下とのコミュニケーション編

女性部下への配慮

女性総合職の社員が異動となり、私の部下になりました。当社でも女性総合職の採用を増やしたり、育児休暇などの制度を設けたりしているものの、営業部門はまだまだ男性畑といった風土があります。管理職としてどのようなことに配慮すればよいのでしょうか？

A ご質問にあるような男性中心の職場であれば、「なぜ女性が営業部門に？」との声が周囲から聞こえてくるかもしれません。そのような職場で女性の部下が存分に能力を発揮できるかどうかは、**管理職であるあなたが“彼女が活躍するための機会や環境を提供できるかどうか”にかかっていると言えるでしょう。**

そこで、最初にあなた（管理職）が取り組まなければならないのは、**①本人の希望と現在の職場環境とのギャップを把握すること、②そのギャップについて本人の理解を求めること、**の2点です。まずは、彼女が仕事に対してどのような意識を持っているのか、将来のキャリアパスをどのように考えているのかをじっくりと傾聴しましょう。そして、女性が働く上で解決していかなければならない職場の問題も包み隠さずに伝える必要があります。例えば、女性営業のロールモデル（お手本）が少ないこと、希望するキャリアパスを実現するには職場の協力が不可欠であること、などです。それらのことを十分に話し合い、本人の理解が得られるよう努めましょう。注意したいのは、職場の問題に対して「こんな状況なのでしかたがない」とか「君も努力して慣れるように」などと、あなたが“後ろ向きな”発言をしないことです。本人の希望を叶えるために全力で支援することを伝えるようにしましょう。

次に、**職場の意識改革に努めなければなりません。**あなたの職場には、女性に対して「夜遅くなるような仕事はどうせできないだろう」とか「結婚したらどうせ辞めるだろう」などという先入観が根強く残っている可能性があります。このような職場環境では、彼女は存分に力を発揮することができません。例えば、深夜に及ぶ仕事があった場合、「女性には無理」と勝手に答えを出してしまうのは早計です。そのような場合は、「深夜までかかりそうな仕事だけれども大丈夫？」と本人の意志を尊重して判断すべきでしょう。**管理職として重要なのは、彼女を他の男性部下と同様に扱うことと、他のメンバーにもそのことを徹底することです。**そして、体力面・安全面・健康面・家庭などへの配慮に関しては、性差に関わりないという意識を浸透させるよう、管理職が率先して周囲に働きかけていきましょう。「女性だから……」といった一方的な考えを持つ組織風土を変えるのは時間がかかることかもしれません。しかし、管理職はこれができなければ優秀な人材を失うと肝に銘じて、粘り強く取り組んでいく必要があるでしょう。

また、**女性が安心して働き続けるための制度を積極的に利用することを促すのも管理職の務めです。**そのためには、男女雇用機会均等法の概要を知り、社内の生理休暇や育児休暇などの規定を把握しておきましょう。その上で、職場では少数派の女性への配慮を欠かさないことが大切です。例えば、生理休暇の申請がしづらい雰囲気はないか、男性の部下に負けないよう無理を重ねてはいないか、他のメンバーからのセクハラ行為はないかなどの“目配り・心配り”を怠らないように注意しましょう。

Q39 部下とのコミュニケーション編

派遣社員とのコミュニケーション

組織の業務拡大に伴い、暫定的に2名の派遣社員を受け入れることになりました。私には4名の部下がいますが、派遣社員を預かるのははじめてのことです。どのようなことに注意すればよいでしょうか？

A 派遣社員とは派遣元企業と雇用契約を結び、実際の仕事は派遣先の企業で行う労働者のことです。2004年3月に施行された改正労働者派遣法では派遣対象業務の拡大や派遣期間の規制が緩和されたこともあって、多くの職場で派遣社員が働くようになりました。派遣社員と派遣先企業の間に雇用契約はありませんが、彼らは派遣先企業の指揮命令に従って働きます。したがって派遣社員にとって、派遣先企業の管理職が“職場の上司”になるのです。そのため派遣社員を預かる管理職の言動が、彼らのモチベーションに大きな影響を与えると言ってよいでしょう。ここでは、派遣社員を預かる管理職が注意したい3つのポイントを紹介します。

1つ目のポイントは **“同じ釜の飯を食う仲間として接すること”** です。ご質問のケースでも、あなた（管理職）が派遣社員に対して“期間限定で雇い入れた外注先のメンバー”という接し方をするのは好ましくありません。あなたの部下もその姿勢に追従するようになるからです。間違っても「派遣さん」などと呼ばないようにしましょう。彼らがはじめて職場に出勤した日には部下を集め「今日から△△の業務を担当してもらう○○さんです」とあなたが皆に紹介するようにします。また、彼ら（派遣社員）が拒否しなければ歓迎会などの懇親の場を設けたりするのもよいでしょう。

2つ目のポイントは **“できる限り丁寧に業務を指示すること”** です。派遣社員に対しては、つい「これをやっておいて！」と乱暴に業務を指示してしまいがちになります。たとえ単純な作業を指示するにしても、その作業の目的や目標を明確にするよう心がけましょう。例えば、何の説明もせずに「これをやっておいて！」と作業を指示した場合と、「この作業は△△という業務の一部で、これを今週中に仕上げてもらいたいんだよ」と一言添えてから指示した場合とでは、その作業に対する彼らのモチベーションが大きく異なってきます。また業務を指示する際にも、「○○さん、今業務をお願いしても大丈夫？」と声をかけてから指示するようにしましょう。“現場の上司”の心遣いを感じるかどうかによって、彼らのモチベーションは随分と変わってくるものだからです。

3つ目のポイントは **“意欲と能力を見極めて適切な業務を与えること”** です。派遣社員の中には能力・意欲ともに高い人材が数多くいます。そのような派遣社員が“やりがい”をもって仕事に臨んでくれれば、管理職としてこれほど心強いことはありません。ところが「責任ある仕事を任せてくれない」「専門性が発揮できない」「正社員が仕事を認めてくれない」などの理由で職場を去る派遣社員も少なくないようです。管理職は正社員の部下と同様に彼らと緊密なコミュニケーションを図り、現在の業務への不満や要望をキャッチしておく必要があるでしょう。

Q40 部下とのコミュニケーション編

部下にえこひいきをしているといわれたら？

部下と雑談中に、自分が部下を「えこひいきしている」と冗談交じりに言われてしまいました。特定の部下だけひいきしているつもりはないのですが、気になります。どうすればよいのでしょうか？

A 部下も雑談の場を使って冗談交じりに話をすることで、言いにくいことを伝えようとしているということも考えられます。このように、部下が不満に思っていることを伝えてもらえる関係が構築できていることは素晴らしいことです。ですから、それが冗談であったとしても、誠実に受け止めてみる必要があるでしょう。

まずは、自分の胸に手を当てて“えこひいきをしている”と言われるようなことをしていなかったかどうか考えてみましょう。“えこひいき”と言われる以上は、感情だけで特定の部下を優遇したり、きつくあたったりしていることを指しているはずです。もし思い当たる節があるなら、素直に非を認めて改善するようにしましょう。

では、そのような意識がないのに指摘されてしまった場合はどうでしょう。その場合は、その部下が何をもって“えこひいき”していると捉えているかを考える必要があります。おそらくこの部下は、能力の違いによってあなたが部下に求める仕事の差があることを指して、“えこひいき”と感じているのではないでしょうか？

部下によって能力に差があるのは当然です。その差に合わせて、目標の設定や指示・指導の程度を変えていることを“えこひいき”と捉えられてしまっているとしたら、その“やり方”に問題があるのかもしれません。

そのように捉えられないようにするためには、差をつける際にきちんと説明をする必要があります。例えば、**同期の部下2人に対して違う目標値を与えなければならないと判断した場合、いずれの部下も“もっともだ”と思える管理職の説明が求められます。**目標値が高い部下には「あなたは今成長が著しいので目標値が高くなっている。これは、あなたにそれだけ期待しているということだから、しっかり頑張ってほしい」ということを伝えます。一方、目標値が低い部下には「今は、じっくりと力をたくわえる時期として捉えてほしい。○○さん（同期）より目標値が低いのは、来期頑張ってもらうために、数字だけではなくプロセスやノウハウの構築にしっかり取り組んでほしいと思っているからだ」と伝えることなどが有効です。

もしくは、組織の全員がいる前で正々堂々と「この3ヶ月間は、管理職として○○さんにこだわって成長してもらいたいと思っている。したがって、3ヶ月間○○さんに割く時間が多くなるし、その分きついことを言うかもしれない。皆さん、協力をお願いします」と公言することも有効でしょう。

本項のご質問のように、すでに“えこひいきをしている”と部下に捉えられている場合もすぐに、前述のような理由だからということを本人や組織全体に周知すること、またしっかりと説明していなかったことに対するお詫びをすることが重要になります。

Q41 部下とのコミュニケーション編

再三のプライベートな相談にどう対応するか？

私は3名の部下を預かるプレイングマネージャーです。それぞれよくやってくれるのですが、色々な相談が多く、忙しい中でなかなか対応しきれません。特に私生活の悩みなどはどのように対応すればよいのか迷うところも多く、困っています。

A 頻繁に相談を受けるということは、組織の長として部下から信頼されている証と考えてよいでしょう。ただし仕事の相談を受けるたびに、あなたが代わりに解決してあげているような状態であれば、部下が甘えてしまっている恐れもあります。相談には乗っても、本人に解決させることも必要です。

本項のご質問はプライベートな悩みの相談への対応ですので、そこに絞ってお答えします。

大前提として、**相談を歓迎する姿勢が大切です。管理職にとって部下との対話は多いに越したことはありません。**特に個人的な相談は、部下にとって上司と人間同士のつきあいをしていると感じられる有効な対話です。また、職場以外での部下の考え方や生活スタイルなどを知っておくことは、その部下の仕事での問題解決や育成を図る上でも役に立つことがあります。

しかし、ただでさえ多忙なプレイングマネージャーであるあなたです。部下たちのすべての相談に乗るという訳にもいかないでしょう。加えて、プライベートな相談に対して、管理職としては下手なアドバイスもできないという気持ちもよくわかります。

そこで対策としてはまず、プライベートな相談には単なる同僚、先輩として対応することをお勧めします。アドバイスをするなら、「同じ職場の仲間として個人的には……」という枕詞をつけた上で話をするとよいでしょう。その上で、「上司としての私に、何かしてほしいことがあるか？」とつけ加えて質問してみましょう。そうすれば、部下もそこまでのことではないと考えるかもしれませんし、一通り話ができたことに納得感を持つかもしれません。

また、忙しくて対応できない時に持ちかけられた相談への対処法ですが、これにはまず「すぐには時間が取れないが、落ち着いたら相談に乗れる」ということを伝えるとよいでしょう。同じ組織で働いているのですから、部下も管理職であるあなたの忙しさを理解しているはずです。そして1週間以内の具体的な日時を候補として挙げ「このあたりであれば大丈夫だよ」と伝えれば、部下も“ないがしろ”にされているとは感じないでしょう。

この**“すぐに対応できないことと、対応できる具体的なスケジュールを提示する方法”**は仕事の相談に対しても有効です。ただし、仕事の場合は用件によって他の仕事より優先させるべき事項か、また少なくとも当日中には対応すべき事項かなど、よりシビアな判断が迫られるので注意しましょう。

Q42 部下とのコミュニケーション編

日報対話の勧め

中途入社の営業マンが部下になりました。彼は業界での経験がなく、わからないことも多いようです。しかし、私や他の部下たちも多忙なために面倒をみられていません。管理職である私が率先してコミュニケーションを図っていかなければならないと思うのですが……

A ご質問のように、経験の浅い中途社員や新入社員が配属された際には、彼らとシンプルな日報を活用してコミュニケーションを図っていくのがお勧めです。部下に日報を提出させることを義務づけている組織は多くありますが、その内容は職務上の報告を求めるものがほとんどです。ここで紹介するのは、管理職と部下とのコミュニケーションを活発にさせることを目的とした日報の活用です。わずか3項目について報告を求めるシンプルな日報ですので、ご質問のような多忙な職場でも活用できると思います。組織に定型の日報フォーマットがあれば、そこにつけ加えて活用するとよいでしょう。

この日報で部下から報告を求める項目は、「今日学んだこと」「今日わからなかったこと」「上司（管理職）に言いたいこと」の3点です。

加えて、この日報を活用するにあたって守らなければならないルールがあります。それは、**①それぞれの項目について報告するトピックは“1**

つだけ”とすること、②管理職は必ず返答すること、③1ヶ月～3ヶ月の期限をつけて運用すること、の3点です。

①のルールは、日報を記入する部下の負担とその日報を確認する管理職の負担を最小限に抑えるのが大きな目的です。また、部下が日報に記入しきれなかったことを、管理職に直接質問をしたり意見をしたりするよう仕向けるねらいもあります。

②のルールは、日報を「対話のツール」とするのが目的です。日報を部下からの一方通行の報告書とするのではなく、日報を媒介として管理職と部下との対話を設けるのです。特に前述した「今日わからなかったこと」「上司（管理職）に言いたいこと」に対しては、管理職は“できる限り早く”返答するようにします。返答する方法はメールや電話を利用するより、部下に直接「日報に書いていた○○の件だけど……」と声をかけて対話をした方がよいでしょう。どうしても対話の時間がとれない場合や部下と顔を合わす機会がない場合は、メールや電話を利用して構いません。ポイントは“できる限り早く”返答することなのです。

③のルールは、日報を形骸化させないようにするのが目的です。前述した通り、この日報は管理職と部下とのコミュニケーションを活発にさせることを目的としています。新しい部下と、対話を通じたコミュニケーションが“当たり前に”できるようになった段階で、この日報の役目は終わるのです。目安として、ご質問のような中途社員であれば1ヶ月間、新入社員であれば最大3ヶ月間、この日報を活用するとよいでしょう。

Q43 部下とのコミュニケーション編

飲みニケーション

私はお酒の場が好きではありませんので、部下たちと飲みにいくこともありません。ところが先日、部下の1人から「課長が飲みにいかないので、私たちも遠慮してしまいます」と言われました。時には、部下たちと飲みにいくことも必要なのでしょうか？

A 酒宴の場でのコミュニケーションを“飲みニケーション”と呼ぶことがあります。この“飲みニケーション”で飲めないお酒を無理に飲む必要はありませんが、部下たちとの人間関係を深める上ではよい点もあります。職場でのコミュニケーション、特に管理職と部下とのコミュニケーションはやはり仕事に関するものが中心となります。あなた（管理職）に本音と建て前を使い分けている気がなくても、部下たちは「実際のところ、上司はどう思っているのだろうか？」と感じていることがあるかもしれません。あるいは、あなたに対して伝えたいことがあるのに言い出せないでいる部下がいるかもしれません。酒宴の場ではリラックスした雰囲気で会話が弾むことも多く、上司の本音を聞いてみたい、普段言い出しにくいことを伝えたい、と思っている部下にはうってつけの場となることがあるのです。

また“飲みニケーション”は、職場では見えにくかった部下の意外な一面や、部下同士の意外な人間関係を見せてくれることがあります。「普段はおとなしい部下が非常に多くの不満を抱えていた」「関係が希薄に見えていた部下同士が実は親しい間柄にあった」など、管理職が組織を経営していくにあたって参考になる情報がもたらされることもあるのです。これらは、酒宴の場が持つ開放的な雰囲気がプラスに作用する点と言ってよいでしょう。その反面、管理職自身が注意を払わなければならない危険も潜んでいます。「酒宴の席で重要な人事情報を漏らしてしまったことが原因で噂が広まってしまった」「いつも同じ部下と飲みにいくことに対して他の部下たちから苦情が出た」など、管理職の配慮不足によって大きな問題が引き起こされることもあるのです。以下に「飲みニケーションにおける管理職の心得」としてポイントをまとめてみます。

- **人事にまつわる話をしない**
- **他人の悪口を言わない（特に自分の上司や特定の部下を“口撃”しない）**
- **部下に説教をしない**
- **部下の愚痴は聞いても自分は言わない**
- **お金と時間にけじめをつける**
- **飲みにいくことを習慣にしない**
- **嫌がる部下を無理に誘わない**
- **特定の部下とだけ飲みにいかない**
- **セクハラ行為や事故を起こさせない**
- **酒は飲んでも飲まれるな**

“飲みニケーション”は節度を守れば職場内コミュニケーションの潤滑油となりますが、度が過ぎれば逆効果となってしまいます。明日の業務に差し支えないようにするのはもちろんのこと、明日からの人間関係にひびが入らないように監督するのも管理職の大事な務めなのです。

5.リーダーシップ編

Q44 リーダーシップ編

管理職に求められるリーダーシップとは？

直属の上司から「君は仕事はできるんだけど、これからはもっとリーダーシップを発揮していってほしい」と言われました。自分としては後輩を引っ張る力はあると思うのですが、管理職に求められるリーダーシップとはどんなことを言うのでしょうか？

A **管理職に求められるリーダーシップとは、与えられた責任を果たすために組織を1つにまとめる「影響力を持っていること」と言ってよいでしょう。**そして、このリーダーシップは、常に他者からの評価の上に成り立っていることを忘れてはいけません。特に自分の部下からの評価が管理職のリーダーシップの決め手となります。つまり、部下が「ウチの上司にはリーダーシップがある」と判断するか否かがもっとも重要なのです。リーダーシップを発揮していくには、部下の判断基準となるポイントを意識して組織を経営していく必要があります。そのポイントとは、部下が管理職を評価する次の5つの項目に代表されます。

①業務のエキスパートであること
②権限が正当であると周囲から認められていること
③上司や関係部署の責任者を動かすことができること

④強制力を発揮する勇気を出せること
⑤人を惹きつける人間的魅力を持っていること

①の**「業務のエキスパートであること」**は、現場に近い管理職であればあるほど重要な項目です。現場の第一線の管理職が、自分たちの仕事に通じていないとすれば、部下メンバーにとってこれほど頼りがいのないリーダーもいないでしょう。やはり、トッププレイヤーとしての実力を有していることが、管理職のリーダーシップには求められるのです。ただ、この項目は職位が上がるほど重要視されなくなる傾向があります。部長、本部長、役員……と職位が上がるにつれ、その他の項目の比重が大きくなっていくようです。

②の**「権限が正当であると周囲から認められていること」**の「権限」とは、管理職が判断を下す大小さまざまな「意思決定」のことと考えればわかりやすいでしょう。組織の方針にまつわるものから、部下の遅刻を叱責するか否かといった身近なものまで、管理職は日々意思決定を下しています。それらすべての意思決定が部下から「もっともだ」と思われるかどうかが、この項目の基準となります。全員の部下からそのように評価されれば最高ですが、そのようなことはまずありません。全体の8割の部下から「もっともだ」と認識してもらえる意思決定を下すことが、管理職のリーダーシップには必要です。

③の**「上司や関係部署の責任者を動かすことができること」**ですが、部下は、自分の上司が組織においてどの程度影響力を発揮しているのかを常に観察しています。部下である自分たちに対しては強い態度で接するのに、上司に対しては“からきし弱い”というようなタイプの管理職はすぐに見捨てられてしまいます。また、関係する他部署の責任者に対する管理職の姿勢も部下はよく見ているものです。こちらも、いつも弱腰だと判断され

るようでは、リーダーシップはおぼつきません。逆に、上司や他部署の責任者を動かす力を持っている管理職は、部下にとって非常に頼もしい存在です。

④の**「強制力を発揮する勇気を出せること」**は、昨今特に苦手意識を持っている管理職が増えているようです。チームワークや部下の意見を尊重することは、もちろん大切です。けれども、ここぞという時に部下を叱れない、指示命令ができないというのではいけません。例えば、常に問題を起こす部下や、組織のルールを破った部下に対する管理職の言動は、他の部下にとって管理職のリーダーシップを評価する重要な基準となります。「どうしてあんな行為を許すのか」とか「どうして叱らないのか」などと思われてしまっては、部下はついてきてくれないでしょう。

⑤の**「人を惹きつける人間的魅力を持っていること」**に関しては、Q45で説明いたします。

以上、5つの評価項目すべてで、常に満点を得ることは至難の業です。また、いずれかの項目が部下の基準に満たなかったとしても、リーダーシップが破綻するということはありません。上記項目の1つでも「さすが！」と思われるものがあれば、リーダーシップは発揮していけます。しかし、いつまでもそのままでは、やがて部下に飽きられてしまうでしょう。管理職は、常に自分のリーダーシップを点検して強化を図っていく必要があるのです。

リーダーシップの傾向を点検してみましょう

各項目5点評価で採点して、それぞれを線で結んでみましょう。

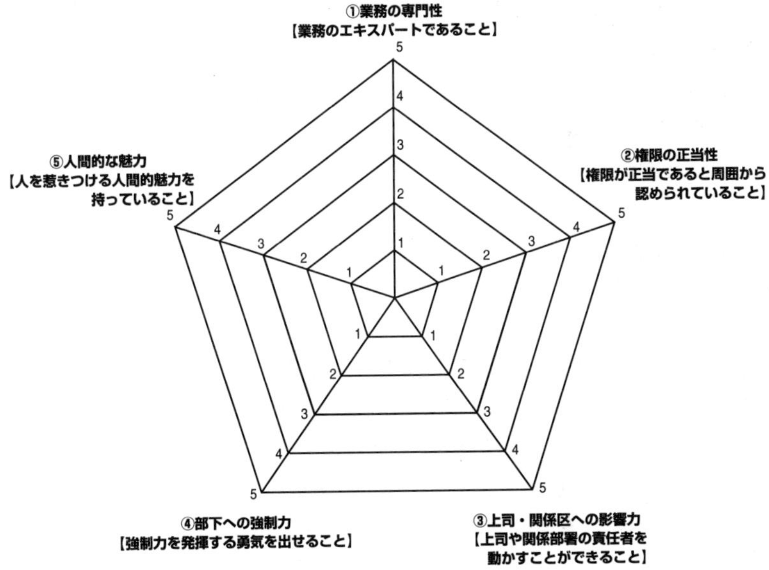
①業務の専門性
【業務のエキスパートであること】
②権限の正当性
【権限が正当であると周囲から認められていること】
③上司・関係区への影響力
【上司や関係部署の責任者を動かすことができること】
④部下への強制力
【強制力を発揮する勇気を出せること】
⑤人間的な魅力
【人を惹きつける人間的魅力を持っていること】
1
2
3
4
5

リーダーシップの傾向は、管理職の個性やその組織が持つ集団性格によって異なりますが、いずれのリーダーシップが良い悪いということではありません。
自分のリーダーシップの傾向を把握して「弱い部分」を補強するように意識するとよいでしょう。

Q45 リーダーシップ編

リーダーの人間的な魅力とは？

私は仕事のできる方です。しかし、パーソナリティが地味でリーダーとしての「華」がないとよく言われます。今後、管理職としてリーダーシップを発揮していく上で、人間的な魅力も向上させていきたいのですが……。

A　管理職にリーダーとしての「華」が必要かと言えば、そんなことはありません。管理職のリーダーシップには卓越した指導力や統率力、強烈な個性や誰からも愛される人柄は必ずしも必要ではないのです。そのような管理職のパーソナリティに起因する魅力よりも、部下が信頼を寄せることができる言動を示し続けることこそ重要です。しかし、それでは質問への答えとはなりませんので、Q44で述べた⑤の「人を惹きつける人間的魅力を持っていること」の項目について説明をすることで回答といたしましょう。

管理職のリーダーシップは、部下の評価の上に成り立っているというのはこの項目でも変わりません。ですから、部下の立場に立って、どのような管理職に人間的な魅力を感じるかという観点で見ていくことにします。

まず、**「業績で勝ち続けていること」**が挙げられます。いつも目標を達成している管理職には、たとえそのパーソナリティに問題や物足りなさがあったとしても部下はついていくものです。それは、その管理職の下で頑張って働いていれば“自分も成長できそうだ”“何かよいことがありそうだ”などの明るい展望を抱きやすくなるからに他なりません。“勝ち癖”を持っている管理職には人間的な魅力があると言えるでしょう。

次に、**「公平であること」**があります。ここで言う「公平であること」とは、特に部下の評価に対して“しっかり”と差をつけることができるということです。頑張った部下を高く評価し、そうでない部下とは差をつけることができる、そのような管理職の下であれば、部下は安心して働けるでしょう。ことなかれ主義で評価もあいまいにしか示さない、あるいは、逆にえこひいきと映るような評価を示す管理職に、部下が人間的な魅力を感じることはありません。信賞必罰の姿勢を崩さないことが「公平であること」の重要なポイントです。

そして、部下に対する人間観に**「美点尊重の精神が貫かれていること」**も重要です。あれもダメ、これもダメという減点主義の管理職に、部下の大半はついていきません。部下のよいところを見つけてあげて、そこを伸ばす姿勢に貫かれた管理職には人間的な魅力があると言えそうです。

最後に**「私心淡泊であること」**が挙げられます。「私心淡泊」を今風に表現すれば「自己チュー（自己中心的）ではない」ということになるでしょう。管理職の自己中心的な言動は、部下をもっとも幻滅させるものです。例えば、会社の経費で私的な飲み食いを繰り返すような管理職、部下の手柄を自分の手柄として上司にアピールする管理職、これらの管理職に人間的な魅力は皆無です。また、最近は管理職の「時間の使い方」もリーダーの私心を測る基準となってきています。昨今は管理職がプレイングマネージャーであることも多く、自分が抱える業務にばかり時間を費やしていると、「ウチの上司は自己チューだ」ということになってしまいそうです。

Q46 リーダーシップ編

リーダーシップに欠かせない部下との親密感

上司に「君のリーダーシップには問題があるようだ」と指摘されました。私の部下たちが「Aさんは優秀なんだけど、何ごとにもビジネスライクで何を考えているかわからない。もうついていけない」と訴えたそうです。そんなつもりはなかったので大変ショックです。

A　ご質問のように、まじめに責任を果たそうとしているのに部下がついてきてくれない、という管理職が増えています。そのような管理職に共通しているのが、論理的な思考能力が高く、理詰めで部下を説得しようとする傾向が強い点です。部下との関係を一度見直してみるとよいかもしれません。その際には、部下との間に「親密感」が通っているかどうか、という点をチェックしてみるとよいでしょう。ここで言う「親密感」とは、上司と部下が親しい間柄であるということを指している訳ではありません。ビジネスライクでドライな関係を維持するために必要な“感情のつながり”を「親密感」と言っているのです。管理職がリーダーシップを発揮しなければならない、以下のような局面で頼りになるのが、部下との「親密感」なのです。

【部下との「親密感」が試される局面】

・部下から不満が出ることを承知の上で、望まない役割を任せる

・部下が不安を感じるような、大きい目標を引き受けさせる
・部下からの抵抗を受けつつも、最終的には方針に従わせる

「親密感」の正体は、この人が言うのなら「やってみよう」と部下を決意させることができる“感情のつながり”です。これは、**①上司から好感を持たれている、②上司から期待されている、③上司から信頼されている、**と部下が感じることでつくり出されます。

①を感じさせるには**「部下に関心を示す」**こと、特に「あなたの話を聞きたい」という姿勢を示すことです。報連相に耳を傾けるのはもちろんのこと、会議の場で「意見を聞かせてくれる？」と発言を促すのも効果的です。

②を感じさせるには、**「部下の能力を評価していることを示す」**のがポイントです。そのために、部下が「自分にはちょっと荷が重いかな」と感じるくらいの仕事や目標を与えることも必要です。「○○さんの力なら、クリアできると思うよ」と言い添えてチャレンジさせるとよいでしょう。

そして、③を感じさせるには、**「部下の仕事ぶりを信用していることを示す」**ことが重要です。例えば、取り組み姿勢が前向きである、粘り強い、ミスが少ない、工夫があるなど、部下の仕事のよい点を褒めた上で業務を任せることによって部下への信頼を示せます。また、業務レベルの高い部下には管理職の業務を一部任せることで信頼を示すことができます。

部下たちが「ついていけない」と感じたのは、“感情のつながり”を持てなかったためだとも考えられます。もちろん、理にかなった方向で部下をリードしたいというのは間違っていません。しかし、論理を重んじるがあまり、部下の感情を疎かに扱ってしまうとリーダーシップは発揮できないのです。大半の人間関係において**“感情は論理に勝る”**と言えるからです。

Q47 リーダーシップ編

部下たちの反発にどう対処するか？

長年同じ顧客を担当している営業マンが多く、業績が停滞しています。来月から部下に担当替えの方針を打ち出したところ、ベテランから「新しい担当顧客では予算が達成できない、担当替えは納得いかない」との反発を受けました。方針を変更する必要はありますか？

A 結論から言えば、管理職が打ち出した方針を軽々しく変更すべきではありません。

あなたが担当替えの方針を“思いつき”で打ち出したのであれば話は別ですが、停滞している業績をなんとかしたいと決意し、十分に考慮した上で打ち出した方針であれば、彼の反発には妥協しないことです。仮に、あなたがベテランの部下から反発を受けたことでこの方針をすぐに曲げたりしたら、その他の部下たちはどのように感じるでしょうか？　それこそ「ウチの上司は“思いつき”で担当替えを命じたんだな」とか、「反発を示せば上司も考えを変えてくれるんだな」などと思うかもしれません。あるいは、担当替えの方針に賛同していた部下に、新しい不満の種を植えつけることにもなりかねません。いずれの部下も「新しい上司は信頼できない」と感じることでしょう。

だからと言って、頭ごなしに「俺の方針に従え！」というような態度をとるのはタブーです。管理職としては“なぜそのような方針を打ち出すのか”という目的を丁寧に説明する必要があります。まず、反発しているベテランの部下と1対1での対話を設けましょう。この対話では、本人に対する期待をベースに方針への理解と協力を“粘り強く”求めます。例えば、「他の部下に対してチャレンジする姿勢を見せて組織を引っ張っていってほしい」「あなたが担当してきた難しい顧客を任せることで若手を成長させたい」など、その部下のプライドや心情に配慮を示しながらも、管理職として不退転の決意を伝えることです。そのあとであらためて全員を集め、担当替えの方針を再度説明しましょう。その際は、担当替えをすることで部下に生じる不安や不満に対して、管理職としての理解を示すことが大切です。

管理職が方針を打ち出す際に注意すべきポイントを整理すると、**①方針の目的と具体的な内容を明確に示すこと、②組織全体と1人ひとりの部下に配慮を示すこと、③方針への管理職自身のこだわりを示すこと**、の3点です。最終的には、管理職が打ち出した方針に対して、大半の部下が「もっともだ」と思える雰囲気をつくり出せれば合格でしょう。

管理職が方針を打ち出す時というのは、多かれ少なかれ部下から反発や不満が出てくるものです。これらの反発や不満が出た時こそ、管理職のリーダーシップが問われる最初の難所とも言えます。そして、管理職がこの難所を乗り越えることによって、はじめて部下が安心して働ける「安心感」を持つことができるとも言えるのです。なぜならば、**管理職のぶれない姿勢がリーダーとしての信頼感をつくり、部下は“方針に則っていれば間違いない”と、確信が持てるようになるからです。**

Q48 リーダーシップ編

部下が納得するリーダーシップとは？

自分が積極的に推進している新規プロジェクトに対して、部下がやる気を示してくれません。周囲から聞くところでは、このプロジェクト自体に疑問の声を漏らしている部下もいるとの話です。管理職としてどのように対処すればよいでしょうか？

A このような場合にはまず、プロジェクトを積極的に推進しようとしているあなたの“本気さ”が部下にしっかりと伝わっているかどうか、という点をチェックしてみる必要があります。「上司（管理職）はプロジェクトを推進すると言っているけれど、実のところ本人も成功するとは思っていないんじゃないか？」などと部下に思われる程度の“本気さ”では、部下のやる気を引き出すことはできません。

新規のプロジェクトに限らず、部下に仕事を引き受けさせるには、その仕事の目的や主旨、具体的な役割分担と行動計画などを、管理職は説明しなければなりません。その説明を聞いた部下が「なるほど、その通りだ」と判断すれば、あるいは部下なりにさまざまな状況を考えて「しかたがない」と判断すれば、管理職の話に対して「はい、わかりました」と理解を示すでしょう。少し気の利く部下であれば、「はい、頑張ります」

とでも言うかもしれません。けれども、そのことで部下が期待通りに動いてくれると判断するのは軽率です。

部下に仕事を引き受けさせるには、管理職が“どれだけ本気で”その仕事の成果にこだわっているかを示す必要があるのです。ご質問のケースでは、まず「自分はこのプロジェクトの成否に管理職としての存在価値を賭けている、何としてもやり遂げるんだ！」という熱い想いを引き受けさせることが欠かせません。プロジェクトを成功させるために、あなたの想いをあらためて部下に伝え、引き受けさせる対話を設ける必要があるでしょう。

次にチェックする必要があるのは、管理職としてのあなた自身の仕事ぶりや言動です。このプロジェクトの重要性やあなたの想いが伝わったとしても、プロジェクトの指揮官であるあなたがそれにふさわしい人物である、と判断されなければ部下はついてきてくれません。「上司は格好のよいことだけ言って、自分では何もしないじゃないか！」とか、「言うことはごもっともだけれど、口うるさい部下にはどうしてあんなに弱腰なんだ！」など、**管理職の指揮に納得感が得られなければ部下は期待通りには動いてくれません。**ご質問のケースでも、管理職としてあなたが率先して動いているか？　管理者としてのあなたの言動に問題はないか？　という点を見直してみるとよいでしょう。

上記のいずれにも問題が見あたらなければ、プロジェクト自体に無理があって部下の納得感が得られていないことが疑われます。

Q49 リーダーシップ編

部下との一体感を深めるリーダーシップとは？

私は以前グループのリーダーを務めており、常にトップの成績を上げ続け、部下からの信頼も厚い方だと感じていました。ところが管理職となってからは、部下たちが一歩引いているように感じられます。彼らに対してどのように接すればよいのでしょうか？

A ひょっとすると、部下はあなたのことを近寄りがたい存在だと感じているのかもしれません。トッププレイヤーで人望もある、あなたは非の打ち所がないタイプのリーダーだったのでしょう。そんな頼りになるリーダーが管理職となったのですから、部下があなたのリーダーシップに納得していないことはないと思います。むしろ、あなたが“できすぎる”管理職なので、部下が距離を置くようになってしまったと見るのが妥当でしょう。

つまり、あなたに尊敬の念を抱く一方で、「あの人は特別だ」「あの人のようにはできない」と萎縮している部下の姿が想像できるのです。仮に部下がそのような感情を持っているとするならば、あなたのリーダーシップは変化を起こさなければならない段階にあると言えるでしょう。このままの状態では、部下は管理職であるあなたに依存し、自分たちでは何も考えなくなってしまうかもしれません。**よい意味で“できすぎる”**

管理職の存在は、場合によっては部下が伸びようとする際の“ふた”となってしまうことがあるのです。

ご質問のケースに限らず、部下との間に親密感がある、管理職が方針を明確に示して部下が安心して目標達成に打ち込んでいる、管理職のリーダーシップに部下が納得している、という“よい条件”が揃った組織でも、時間の経過とともに前記のような雰囲気が生じてくることがあります。

組織の中で管理職だけが突出した存在となってしまい、“何となく管理職が煙たい”“管理職との一体感が感じられない”など、部下は管理職との間に人間的な距離を感じるようになることがあるのです。そのような局面で管理職が自分のリーダーシップに何らかの変化を起こさなければ、部下との溝はますます深くなってしまいます。気がつけば、管理職がいつも独り相撲をとっている、というような組織になりかねないのです。そのような状態にならないためには、管理職が意識して部下に近づいていかなければなりません。

自分から積極的に声をかけるようにするのはもちろんのこと、管理職が人間的に身近な存在であることを示す必要があるでしょう。部下と一緒に汗をかいてみる、過去の失敗談など自分のミスを話す、人間的な弱点や“すき”を見せる、時には一緒になって失敗してみせる、など自分も部下と同じであると開示することが重要です。**管理職には部下との「一体感」を深めるためのリーダーシップも欠かせないのです。**

Q50 リーダーシップ編

マンネリを打破するリーダーシップとは？

4年前から課長代理として同じ組織のリーダーを務めていたので、部下とも気心が通じる間柄になっています。業績は順調に推移しており、部下からの信頼も厚いと感じているのですが、最近活気が感じられません。管理職として何か手を打つ必要があるでしょうか？

A 管理職がうまく経営してきた組織でも、時間が経つにつれ部下に活気が見られなくなることがあります。多くの場合、その原因は部下に「倦怠感」が生じてきたことにあります。そしてこの倦怠感は、リーダーシップに大きな問題がなくても現れてくるのです。ご質問のケースでは、部下はあなたのリーダーシップに納得しつつも、今の仕事や組織の状態、あなたのリーダーシップに対して「何となく飽きてきた」「刺激が乏しくて物足りない」という感覚を抱き始めているのかもしれません。このような**「倦怠感」が現れてきたと感じたら、管理職は自分たちの組織に変化を起こしていく必要があります。言わば、組織に現れたマンネリを打破するためにリーダーシップを発揮しなければならないのです。**

このマンネリを打破するのにもっとも効果があるのは、人事ローテーションです。多くの大企業では定期的に人事ローテーションを実施しています。その目的は、組織の機構改革や従業員のキャリアパスにだけ存在するのではありません。組織の停滞感を払拭し、活力ある組織経営を続けていくには人事ローテーションが欠かせないのです。とは言え、部署をまたがった人事ローテーションを検討するのは、管理職にとって最後の手段であると考えるべきです。まずは、部下の役割分担を変える、部下の中からリーダーを任命する、プロジェクトチームを発足させて若手をリーダーに登用するなど、組織内で可能な人事ローテーションを検討してみるとよいでしょう。また、部下に“外の空気を吸わせる”こともマンネリを打破する効果があります。外部の研修やセミナーに参加させてみる、期限つきで他部署の仕事を経験させる、全社のプロジェクトに参加させるなど、部下に自己啓発の機会を与えることで、意欲的に仕事に取り組めるよう導くのも管理職の仕事なのです。

しかし、人事ローテーションや部下に“外の空気を吸わせる”ことを考える前に、管理職が取り組まなければならないことがあります。それは、**自分自身のマンネリを打破すること**です。部下にとって、ある程度の期間を一緒に過ごしてきた管理職は安心感をもたらす存在と言えます。いい意味でも悪い意味でも“手の内”が読め、その管理職とのつきあい方に慣れてくるからです。だからと言って、彼らが同じ管理職にこの先もついていきたいと思う訳ではありません。そのような状態が長く続けば、部下は管理職から刺激を受けることがなく、やがてその存在に興味を失い、結果的に管理職のリーダーシップは低下していくのです。管理職は組織に適度な緊張感を与えなければなりません。そのためには、自らが率先してレベルの高い仕事に挑戦する、部下にもっと大きな仕事をやり遂げさせる、部下との接し方を変えてみるなど、意識して自分のリーダーシップに変化を起こしていく必要があります。もっとも大切なことは、自分自身が管理職として常にレベルアップを図り、部下を飽きさせない存在であり続けることなのです。

Q51 リーダーシップ編

ぶれない意思決定でリーダーシップを示す

当社はIT関連のベンチャー企業です。動きの激しい業界だけにトップ方針がめまぐるしく変わります。そのような環境の中、部下たちは、私の意思決定が“ぶれすぎる”と不満を漏らしています。どのような説明をしたら、彼らは納得してくれるのでしょうか？

A **管理職は原則“ぶれない”意思決定を下さなければなりません。**ところが、最近はビジネス環境の変化がきわめて早く、1つの意思決定の寿命は短くなる傾向にあります。つまり、今日正しいと判断して下した意思決定が、明日には間違っていることもあるのです。このような状況下、ビジネス書の中には、朝令暮改は当たり前、ビジネス環境の変化に即応できるよう、意思決定の判断基準は柔軟に保っておくべきだ、と指南するものもあります。しかしご質問にもあるように、管理職の意思決定の基準がめまぐるしく変わるような環境が、部下にとって安心して働ける環境であるとは必ずしも言えません。

管理職が下す1つひとつの意思決定は、部下にとってリーダーの価値を値踏みする材料となっています。管理職が下した判断は適切か否か？部下が「もっともだ」と思う判断を下すリーダーにはリーダーシップを感じるでしょうし、逆の場合は「この管理職についていって大丈夫だろうか？」と不安を覚えるでしょう。ご質問のケースでは、部下はあなたのことを“意思決定をしない管理職”、あるいは“いき当たりばったりの判断で意思決定をする管理職”だと感じている可能性があります。

ここで重要なのは、**1つの意思決定に対する説明責任を管理職であるあなたがきちんと果たしているか？　という点をチェックすることです。**特に、トップのリーダーシップが強く、方針もめまぐるしく変化する組織では、中間管理職が意思決定をしなくなる傾向があるものです。トップを含めた“上司の意思決定を垂れ流しているだけ”と部下に受け取られているようでは、管理職の説明責任を果たしているとは言えません。まずは、上司の意思決定に対してあなたがどのような想いを持っているのか、心から共感してその意思決定を支持しているのか、そのあたりから説明する必要があるでしょう。その上で、「上司のその意思決定を受けて“私は”○○と考え、“私は”△△と決意した」と、自分自身が下した意思決定として部下に伝えるのが重要なポイントです。

あなたの意思決定が“ぶれすぎる”と漏らしている部下も、1つの意思決定が未来永劫の成功を約束するものではないと知っています。彼らが言う“ぶれない意思決定”とは「自ら下した意思決定に対して強い責任感を持っている」ということではないでしょうか。**管理職の意思決定には2種類しかありません。管理職が責任を自覚している意思決定か、無責任に下す意思決定かのいずれかです。**そのように考えれば、管理職の説明責任は“ぶれない意思決定”を下すための最低条件だと言えるでしょう。

Q52 リーダーシップ編

部下をリードする「率先垂範」

上司から「君がもっと率先垂範して部下たちを牽引していかなきゃダメだよ」と忠告されました。「率先垂範」という言葉は聞いたことがあるのですが、具体的にどのようなことをすればよいのかわかりません。

A 「寝ていて人を起こすな」という言葉があります。管理職になったからと言って、この言葉のように自分では何もせず、部下の仕事ぶりを横目で眺めながらチェックしているだけでは、リーダーシップを発揮することは到底できません。**管理職には、組織の先頭に立って部下たちの模範を示す「率先垂範」が求められるのです。**だからと言って、部下の仕事に首を突っ込み口を出し、見ていられなくなったら手を出して、あげくに「どうしてこんなこともできないんだ！」と足を出す（叱りとばす）のは率先垂範とは言えません。これでは、部下に仕事を任せることができない“丸抱え”の管理職です。また、部下の業務の手伝いをすることも率先垂範とは言えません。それは部下からの“仕事泥棒”です。

管理職に求められる率先垂範とは、**①常に前向きな言動に努めること、②組織の目標達成に向けてひたむきな姿勢を示し続けること、③いざと**

いう時に部下の頼りになる存在であること、の3つに集約されます。これらはいずれも部下の評価の上に成り立っているものです。

①に関して、**管理職は日常の言動に注意を払わなければいけません。**部下は管理職の一挙手一投足を常に観察しているものです。中でも、管理職のネガティブな発言やルーズな行動には敏感に反応します。まじめに取り組んでいる部下の意欲を削いだり、自分（管理職）の悪い点だけを見習われたりすることのないよう襟を正しておく必要があります。

②は、**管理職が部下の目標達成にどれだけの関心を示し、どれだけの貢献をするかで判断されます。**部下が成果を上げた時は“我がことのように”喜び、部下が苦戦している時は適切なタイミングでアドバイスや指導を実施して、時には一緒に汗を流すことも必要です。ただし部下への支援は、原則要請があってから実施するものと心得ましょう。どうしても静観できない場合は、「ちょっと苦労しているみたいだけれど、私に何かできることはないかな？」とやんわりと支援を申し出るのがベターです。

そして③は、**組織に何らかのイレギュラーな事態が生じた際、管理職としてどのように行動するかがポイントになります。**顧客からのクレームや部下の大きなエラーなどの突発的な事態が発生した時に、管理職が先頭に立って事態を収拾しようとするかどうかでリーダーシップが決まります。見事に対処できれば管理職として頼りになる存在となるでしょう。とは言え、管理職として“いいところを見せる”ことだけが率先垂範ではありません。部下と一緒にお客様に怒鳴られるなど“かっこ悪いところを見せる”ことも立派な率先垂範です。

要は、**管理職が真摯にその責任をまっとうする姿勢を示すことが「率先垂範」なのです。**

Q53 リーダーシップ編

「横の統制」に手を打つリーダーシップ

私は部下7人を任されています。全員、あと一歩のところで予算達成を逃してしまいます。5人はベテランで、予算達成する能力は持っていると思います。2人は経験が浅く、大きな目標は与えていません。この状況を打破するには、どうすればよいのでしょうか？

A

リーダーシップと聞くと、部下に対して“無理にでも言うことを聞かせる力”を持っていることだと想像する方がいます。もちろん、リーダーシップの要素には強制力も含まれますが、のべつまくなしに強制力を行使するのがリーダーシップではありません。ご質問のようなケースでは、管理職であるあなたがいくら部下のお尻を叩いたところで、現状に大きな変化は現れないと思います。7人が7人ともあと一歩のところで目標を達成できないのは、それがあなたの預かる営業所の文化として定着してしまっていることが原因だと考えられるからです。つまり、全員が目標達成できないことが当たり前となってしまい、「どうせ誰も達成しないのだから……」という意識が組織に根づいている恐れがあるのです。

そのような組織の文化を形作るのが、組織の**「横の統制」**です。統制とは集団をコントロールする力のことで、**組織には「縦の統制」と「横**

の統制」の2つの力が作用しています。管理職が方針を打ち出して指揮をとる、部下たちを褒める・叱る、人事評価をする、など主に管理職が働きかけることによって作用する力が「縦の統制」、前記の通り、組織の部下間で共有している意識や習慣によって作用する力が「横の統制」です。横の統制は、組織にとってプラスに作用する面とマイナスに作用する面があります。ご質問のケースとは反対に、全員がいつも目標を達成している組織では、管理職がうるさく言わなくても目標達成の習慣がすべての部下に根づいていきます。仮に、目標達成ができない部下がいたとしても、本人が「目標未達は恥ずかしい」と感じて奮起するでしょう。横の統制は、部下間に生じる「恥」の感覚が大きく影響するのです。

ご質問のような組織では、この「横の統制」がマイナスに作用している可能性が大きいと推測できます。仮にそのような状態であれば、誰かが目標を達成したとしても、「やった！」と素直に喜べない雰囲気があるはずです。達成した本人は“晴れがましい”と感じるよりはむしろ、自分だけ目標を達成してしまって“何となく気恥ずかしい”と感じることでしょう。**管理職は、そのような「横の統制」に変化を起こすリーダーシップを発揮しなければなりません。**その際、管理職が全員の部下に対して口やかましくする必要はありません。

ご質問のケースであれば、ベテランの1人に3ヶ月間連続して目標を達成させることに注力するようにしましょう。まず、「何としても組織の未達文化を変えたい」というあなたの“熱い想い”を伝え、共感を引き出してからスタートを切るのがポイントです。3ヶ月間は、あなたが積極的に支援してでも目標を達成し続けなければなりません。彼が3ヶ月間達成し続けることで、集団の「横の統制」に変化を起こさせるのです。メンバーの中から“引っ張り役”が生まれなければ、この“未達文化”は変化しないでしょう。

Q54 リーダーシップ編

モチベーションが低い組織におけるリーダーシップ

社内ネットワークの保守管理を担当する情報システム部門の管理職を務めています。他部署の社員から文句を言われることはあっても感謝されることのない職場で、部下たちのモチベーションも低くなりがちです。管理職としてできることはないでしょうか?

A ご質問のように、会社全体や他部署のサポート業務を担当する組織では、部下のモチベーションを維持・向上させるのが非常に難しいと言えます。その一因は「自分は精一杯頑張っているのに誰からも評価されない」と部下が感じていることにあります。そのような組織を預かる管理職は「常にフィードバック情報を提供する」ことで、部下を牽引していかなければなりません。フィードバック情報は、部下の仕事に対して「褒める・叱る・スポットを当てる」ことで提供できます。これはすべての管理職に必要なことですが、“縁の下の力持ち”的な業務を担当する組織においては特に重要なリーダーシップの要素と言えるでしょう。**周囲からは“できて当たり前”と捉えられがちな業務だからこそ、管理職が部下の仕事をきちんと評価することで、彼らの意欲を引き出していく必要があるのです。**

そのためには、管理職が部下の仕事の中から**“きらりと光る成果”**や

“前向きな言動と努力の跡” を見つけることが欠かせません。大きな成果はもちろんのこと、小さな成果や目立たない部下の努力を見逃さないように注意を払い、それらを見つけたらその場で部下を褒めるようにしましょう。その時「今のトラブル対応は素晴らしかったよ」などと単に褒めるだけではなく、「君のおかげで思ったより早く解決したよ」と部下をねぎらう気持ちを言葉にできればベストです。

そして、部下の“きらりと光る成果”は組織の中で披露することを忘れないようにします。ミーティングの場を活用したり、何らかのイベント（成功事例を共有する場など）を設けて全員の前で紹介するとよいでしょう。このように部下の仕事にスポットを当てることで「成果は必ず評価される」という雰囲気をつくっていくことができます。これは部下の励みや刺激となるばかりではなく、部下同士がお互いの業務内容をより深く知ることにつながります。そのことがきっかけで組織内のコミュニケーションが活発となり、お互いを助け合う雰囲気が出てくる効果も期待できるのです。まずは、**管理職が「君の仕事をきちんと見ているよ」という姿勢を示すことが重要です。**

また、部下のモチベーションを向上させるために、達成感や成長感を感じることができるハードルを用意するのも大きな効果があります。専門性を高める資格取得に挑戦させたり、知識や技術を高める勉強会を定期的に実施したりして、部下の意欲を引き出すリーダーシップを発揮するようにしましょう。

6.部下の育成編

Q55 部下の育成編

部下育成の基本的な考え方とは？

私の部下は、若手で経験の少ないメンバーがほとんどです。彼らには、私がプレイヤー時代に学んだことを中心に指導したり、勉強会を催したりして育成を図ろうとしているのですが、なかなか成長してくれません。彼らを育成するにはどのようにすればよいのでしょうか？

A ご質問のように、管理職がいくら手取り足取り教えても部下がなかなか育ってくれないという場合、管理職は一度、「自分が部下に手をかけすぎているのが原因ではないか？」と疑ってみる必要があります。

管理職が部下を育成するには、**①情報や機会を与えて育成する、②高い目標を任せて育成する、**の2つの方法があります。

①は、仕事に必要な知識や技術、組織で活動していくために必要な躾《しつけ》やルールを教えたり、それらを学ぶ勉強会や研修などの機会をつくってあげることです。この方法は、仕事をする上で欠くことのできない基本的な能力開発を図るのに適しています。例えば、営業職であれば商談技術や商品知識を、システムエンジニアであれば新しい開発環境や開発言語を、新入社員であれば社会人としての基本動作や会社のルールを、そ

れぞれ管理職が指導教育したり、OJTや研修を通して身につけさせることを指しています。

それに対して②は、高い目標を部下自身の力でやり遂げさせて部下育成を図る方法です。この方法で絶対に欠かせないのが、部下自身の目標達成への意欲です。そのために管理職は、部下が自ら高い目標にチャレンジする意欲を引き出す動機づけをしなければなりません。「なぜ、この目標をあなた（部下）に任せるのか」つまり、その部下の成長への期待と管理職としての想いを、部下に“しっかりと引き受けさせる”必要があるのです。その上で、部下が自分の力で目標を達成できるよう、「指示・指導」するのではなく「支援」をするのが、この育成方法のポイントです。

管理職はこれら2つの方法を、部下1人ひとりの能力や経験、育成したい内容によって使い分けていきます。一般的に、新入社員や経験の浅い部下に対しては、①を中心に知識と技術を身につけさせて1人前の仕事ができるよう育成を図っていきます。ただし、いつまでもこの方法だけで部下を育成しようとしてはいけません。「わからなければ教えてもらって当たり前」という依存の意識が部下に根づいてしまう恐れがあるからです。一定のレベルにある部下や少なくとも1年以上の経験を持つ部下に対しては、②の「高い目標を任せて育成する」ことを中心に据えて「部下を自発的に成長させる」ようにするのが、部下育成の基本的な考え方です。

そして、①・②いずれの方法をとるにしても、**管理職は「部下は必ずできる人だ」と信じてかからなければなりません。**「この部下には何をやらせても成長しない」と管理職が思った時点で部下育成は放棄されたと言ってもよいでしょう。部下育成は、管理職が部下1人ひとりの可能性を信じて臨むことです。つまり**「部下を信じて伸ばす姿勢」を管理職が失わないようにすることこそ、もっとも重要なのです。**

Q56 部下の育成編

忙しい時の管理の工夫

プレイングマネージャーをしています。部下からの相談や応援要請にはできるだけ応えたいと思っているのですが、とにかく忙しく管理職としての仕事に手が回りません。どうすればいいでしょう？

A 昨今のプレイングマネージャーが多忙をきわめていることはまぎれもない事実でしょう。しかし、同じ会社の中で、同様の仕事を抱えていても、うまく管理職として機能している人とそうではない人が存在することも事実です。

うまく機能している管理職は、自分の方針をしっかり打ち出して、あとは部下に仕事を任せきれています。もちろん、部下に対する支援やフォローは行っていますが、その必要性を見極めて、最小限の介入にとどめています。

忙しくて目が回りそうだというプレイングマネージャーや管理職のほとんどが部下の仕事に手や口を出しすぎていると思ってよいでしょう。もしくは、しっかりと方針を打ち出せていなかったり、部下に仕事を任せる最初の段階で“本人の仕事”として引き受けさせ、“やり遂げること”を約束させていないことが原因だと考えられます。一度任せた仕事は、できる限り本人に任せられるよう、方針の打ち出し方や仕事の任せ方を見直してみるとよいでしょう。

忙しいのは管理職のあなただけではなく、チーム全員だという場合は、仕事のリストラをする必要があります。特に業務については、無駄が増えやすいので、以下の考え方でリストラするようにしてみましょう。

	これをやれば 業績に直結する	これをやっても 業績には関係ない
これをやらないと 問題が発生する	A	B
これをやらなくとも 当面問題は起きない	C	D

上表の、4つのタイプに業務を分類し、A、B、Cについては、本来の目的を見極めた上で、より効果と効率を上げるように工夫してください。そしてDについては、もう一度本当にDに当てはまるかを吟味した上で、そうであれば切り捨てることが必要です。

Dの業務を切り捨てることに抵抗感があったとすれば、あなたは忙しいことで存在感を発揮しているつもりになっている“忙し病”にかかっている可能性があります。忙し病だと自覚している管理職の方は、自分の仕事をすべて書き出し、その中で“自分にしかできない仕事”だけを見極めるようにしましょう。そして、部下に「今まで仕事を取っていて悪かった」と謝罪し、仕事を返すようにしましょう。**プレイングマネージャーであっても、部下に任せられる仕事はできるだけ任せ、自分は管理職としての仕事を増やしていくようにしましょう。**

忙しい原因は種々考えられますが、たまにはこのように自分の仕事を見つめ直す習慣を身につけて、自分のマネジメントを点検してみるとよいでしょう。

Q 57 部下の育成編

部下に自分の想いを引き受けさせるには？

部下の考えを尊重して部下育成を図っていきたいと思っていますが、部下が自分の考えを話してくれません。しかたなく、こちらから指示を出してしまっています。本人の自発性を高めるようにするにはどうすればよいのでしょうか？

A 部下に目線を合わせて本人の考えを聞くことは、非常に重要なことです。部下が受け身でしか仕事をしなくなることを避けるためにも、是非このような姿勢を忘れないようにしましょう。

しかし上司から突然「あなたはどうしたい？」と聞かれても、部下は戸惑ってしまうだけでしょう。部下の考えを話してもらうには、まず管理職であるあなた自身がどうしたいかを伝えることが欠かせません。

では、どのような内容を伝えればよいのでしょうか？

ここでは、上司としてその部下に取り組んでほしいと思っていることを伝えるべきではありません。例えば、「今期は後輩の育成を任せたい」と伝えてしまえば、部下は指示だと受け取ってしまうでしょう。「はい、わかりました」と答えるか、「まだ自分には無理です」と断るかの選択しかありません。これでは、せっかくの部下を尊重する姿勢が台無しとなってしまいます。

ここであなたが伝えるべきは、組織を預かる管理職としての“想い”です。言い換えれば**“自分はどんな責任を引き受けて、その責任をどの程度本気で果たすつもりなのか”**ということです。例えば「課長として、部長から下りてきた業績目標を引き受けました。引き受けたからには何が何でも必達すると決意しました」と部下に業績必達への“熱い想い”を伝えます。その上で「簡単に達成できる目標ではないので、○○さんの協力が欠かせません。是非、協力してもらいたいのですが、私の想いを引き受けてくれますか？」と自分の想いに共感を寄せてもらうように働きかけます。あなたの“熱い想い”が伝われば、「上司がそこまで本気なら、自分も頑張ってみよう」と決意する部下が現れるはずです。そして、上司が引き受けた組織全体の目標達成のために「自分には何ができるだろうか？」と考えてくれるようになるでしょう。

繰り返しになりますが、部下の考えを尊重しようとするあまり、上司としての“想い”を表明することを忘れてしまってはいけません。**“想い”を表明するとは、第一に「組織全体の目標達成を引き受けたのか、引き受けてないのか」を明らかにすることなのです。**

上司としての決意も伝えずに部下に「どうしたい？」と尋ねても、「あなたは管理職としてどうしたいんですか？」と言われてしまいかねません。口には出さないまでも、部下に心の中でそのように思われてしまっている管理職が“部下の自発性を高めたい”などと軽々しく口にすることはできない、と肝に銘じておきましょう。

Q58 部下の育成編

課題を約束させるには？

それぞれの部下に対して、通期の目標達成のために毎月取り組むテーマを与えています。しかし、部下はせっかく設定したテーマに対して、着手が遅かったり、納期を無視したりと、思うように取り組んでくれません。どうすればよいのでしょうか？

A 管理職としてテーマを与える（指示する）という意識を、部下にテーマを設定させ、やり切ることを約束させるという意識に変えることから始めましょう。

上司から指示されたテーマであれば、どうしても“受け仕事”になってしまいます。部下が目標達成できるようにという親心からのテーマ設定であっても、部下からすれば目標＋αとして下りてきた仕事という捉え方になりかねません。そんな状態では、遅れに対して発破をかけても、細かくチェックをしても逆効果です。部下はますます“言われるまでは無視しておこう”という心理状態に陥ってしまい、自ら取り組む姿勢を失ってしまいます。では、どのようにすれば、「部下にテーマ設定をさせ、やり切ることを約束させる」ことができるのでしょうか？

まず、重要なのは傾聴です。上司のあなたからすれば、部下が目標を達成するために“あれもこれも”気になって、どうしても「あれやったか？」「これはどうだ？」と言いたくなるところかもしれません。しかし、ここはグッとこらえて**「今期の目標を達成するために、あなたが今月力を入れたいことはどんなこと？」と部下に問いかけ、部下の意見や考えを傾聴しましょう。**

この時、気をつけなければならないことは、部下の口から上司であるあなたが急いで取り組んでほしいと思っているテーマが出てきても、「そうだよ、それだよ。そのテーマに力を入れないとならないよね」と食いつき、そのテーマの具体的な話に終始しないことです。あなたが考えていることが出ても、出なくても、「そうだね。それは大切だね」と**肯定の相づちを打ちながら、「他にはどんなことがある？」と続けて部下の考えを聞くことが大切です。**その際、部下が話している内容をしっかりメモを取りながら傾聴しましょう。

どんな部下も5つくらいのテーマを出す頃には「ちょっと待ってください。今月だけではそんなにできませんよ」と言うでしょう。そこまでしっかり傾聴を続けたら、**「じゃあ、この5つの中で特に力を入れたいことはどれ？」と、部下に自分で優先順位をつけさせます。**上位3テーマ程度を「今月特に力を入れて取り組むテーマ」として設定し、やり切ることを約束させましょう。また「このテーマについては上司として、一緒にこだわっていきたいと思う」と伝え、こだわる姿勢を継続して見せ続けることも忘れないでください。このように約束すれば、部下は自分の仕事として自発的に活動してくれるようになるでしょう。

取り組んでほしいテーマが部下から出なかったら？　というご質問も想像できますが、管理職としての方針や想いをしっかりと伝えていれば、部下の考えがまるっきり外れるということはないはずです。あまりに外れるようであれば、管理職であるあなたの方針や日々の言動を点検してみる必要があるでしょう。

Q59 部下の育成編

行動計画を約束させるには？

目のつけ所はよいのですが、詰めが甘いため失敗する部下がいます。新人ではないので、上司としてもどこまで手を出せばよいのか悩むところです。失敗しそうだと気づいたら手を貸すべきなのでしょうか？

A 管理職として、みすみす失敗を見逃す訳にはいきません。だからと言って、すぐに手を貸していたのでは、部下の"自分の仕事"という意識が低くなってしまいます。預かった組織の業績達成を考えた行動と、部下の育成を考えた行動の、どちらを選択すべきか悩むところです。このような状態にならないためにも、部下が仕事に着手する段階でしっかりと失敗しない行動計画を立てなくてはなりません。"目のつけ所は悪くない"部下ですから、自分のすべき仕事はわかっているはずです。本項では仕事に対しての行動計画の立て方を紹介します。

まず、部下が取り組むべき仕事の中で特に大事な仕事、上司としても一緒にこだわるべき仕事を3テーマほどに絞りましょう。その上で、それぞれの仕事に対して、一緒に行動計画を立てるようにしましょう。上司であるあなたが一方的に指示をしたり、考えを押しつけたりするのではなく、あくまでも共同作業で進めることが重要です。それぞれの仕事に対して、2つ以上の計画を作成させるのがポイントとなります。それらの計画を検討する中で、上司であるあなたはヒントやアドバイスを提供することに徹しましょう。

計画の概要が固まったら、1週間毎の目標値や報告の方法を決めましょう。部下はこの1週間毎の目標値を設定することによって、仕事の進め方や成功の可能性を具体的に想像することができるようになります。部下が具体的な想像をする中で、疑問や不安を訴えることがあれば、お互い納得できるまで相談し計画を修正しながら進めるとよいでしょう。1週間毎で目標を区切ることにより、計画通りに進まない場合など早い段階で相談にくるようにするしかけにもなります。

このようにして作成した具体的な計画をもって、部下が仕事に着手できるようにしましょう。事前に予測される問題があれば、計画の作成とあわせて防止策も検討するようにすればベストです。こうすれば、詰めの甘い部下も細かい想定を持って仕事に取りかかるようになり、あなたが途中で口出しする必要も減ってくるでしょう。

行動計画の作成で一番大切なことは、**部下が成功期待感を抱ける行動計画にすること**です。そもそも無謀だと感じる行動計画を作成しても部下は動きません。**部下がやる気をもって仕事ができるよう“これならできそうだ”“面白くなりそうだ”と思える計画作成をめざしましょう。**

そして必ず、この行動計画を必ずやり遂げることをお互いに約束することを忘れないでください。

Q60 部下の育成編

高い目標を引き受けさせるには？

目標設定をする際に、部下が申し出た目標を尊重したいと思っています。しかし、中には慎重な部下もいて期待値よりかなり低めの申告をしてきます。もっと上乗せしてもらいたいのですが、"やらされ感"を持たせないためにはどうすればよいのでしょうか？

A このような場合、一番気をつけなければならないのが、理屈で説得しないようにすることです。「今期の我がチームの業績目標は全体でいくらか○○さんも知っているよね。稼ぎ頭の○○さんがこのくらいの目標では、チーム全体が達成できないことは理解できるよね。で、目標値はどうする？」と追い込んでしまってはいけません。部下の口から高い目標値を言わせたいという気持ちはわかりますが、これではやらされ感だけが残ります。

部下も頭では、自分がもっと高い目標を持たなければならないことを理解しているはずです。しかし、低めの目標を設定して確実に達成することを考えたくなるものです。このように低めに目標値を申告した部下に対して、前記のような発言をしてしまえば、心理的な抵抗を強くするだけです。ましてや、上司に協力したいという気持ちを持てる訳もありません。

ここではまず、上司としての期待を伝え、部下の感情を動かす必要があります。期待されているからやってみようと部下が思えるまで、その部下に対する期待を伝えましょう。期待が伝わり部下がその気になれば、上司が決めた高い目標値であっても、やらされ感を持つことはありません。

ただし、その目標値は明確に示し、同時に理由もわかりやすく説明するようにしましょう。「目標を100にしてほしいんだけど、もし、できれば120くらいでも……」などと期待値に“ぶれ”を感じさせてしまえば、部下は“自分にどれだけ期待しているの？”と不信感を抱くようになってしまいます。

例えば、**「○○くんの先期からの成長を考えると、今期はもう少し高い目標が達成できると思うよ。私もできる限りの協力をするから、もっと成長できるよう120にチャレンジしてみないか？」**というように伝えましょう。

忘れてはならないことに、部下が高い期待値を引き受けたあとの処理があります。部下は期待に応えたいという気持ちで引き受けますが、内心は不安だらけです。期待をかけた張本人（管理職であるあなた）が、あとは“知らんぷり”ではいけません。部下がその高い目標をクリアするために、上司である自分に期待することをしっかりと聞き出し、具体的な支援項目を約束するようにしましょう。もちろん、口先だけの約束は厳禁です。部下からの要望の1つひとつに対して、可能なことだけ約束し難しいことに対しては、なぜできないかを部下が納得するまで説明する姿勢が大切です。

このように上司としての期待を引き受けてもらうようにすれば、高い目標値でも部下に不満を残すことなく引き受けてもらうことができるでしょう。

Q61 部下の育成編

部下に相談する癖をつけさせるには？

私の部下は、悪い結果が明らかになってから報告をしてきます。悪い結果が出そうだと思った時に、相談にきてほしいと伝えても、なかなか行動が変わりません。どうすれば、相談してくれるようになるのでしょうか？

A 部下に「報告の前に相談をしなさい！」といくら言ったところで、いきなり行動が変わることはありません。なぜならば、相談をするためには、部下自らが仕事に対して“仮説”を立て、“このままでは失敗するかもしれない”と早い段階で気づかなければならないからです。この気づきを私たちは仕事の“ヨミ”と呼んでいます。部下が“ヨミ”を働かせて相談できるようになるには、その部下と管理職である自分が一緒になって訓練する必要があります。

まず部下に対して、3ヶ月後までの目標を立てさせます。この目標は、①部下自ら決めること、②やれば必ずできる目標であること、③頑張らなければ達成できない目標であること、④明確に計れる目標であること、が求められます。例えば営業マンであれば、「毎週10件新規訪問を3ヶ月続ける」などという目標がよいでしょう。

大切なことは、上司であるあなたがこの目標を途中でうやむやにしないことです。加えて、目標の未達も許さないという断固たる覚悟で臨みましょう。その上で①～⑤のように取り組んでいきましょう。取り組み方は、毎週10件という目標を例に説明します。

①自分も上司として週10件という目標には**こだわりたいということを部下にしっかり伝える**

②週1回、状況の共有をしたいと伝え、**「あなたからの自主報告か私(上司)からの押しかけチェックか、どちらがいい？」**と聞く（多くの部下が自主報告を選びます）

③「その報告(チェック)は毎週、何曜の何時にしようか？」と、予定を**部下に決めさせる**

④部下が決めた日時で**必ず報告を聞く**(チェックする)
※ここでのポイント：定着するまでの最初の何週かは、例えば金曜の夕方5時であれば、水曜日くらいに「金曜よろしく」と軽く声をかけておく。忘れていれば思い出させる。

⑤数週間やり続けると、金曜日より前に週目標が達成できそうにないと部下が相談してくるようになる。その時は「目標のショート分はいつまでに取り返すのか」「そのために上司として手伝えることがあるのか」を**しっかりと確認する**

この流れができれば、目標達成ができなさそうだという“ヨミ”を働かせ、上司に相談するようになっています。そこでしっかりと対応してやれば、部下自身が「早い段階で相談すればよい結果になる」ということを認識できるのです。このように、上司として部下の仕事にこだわることを約束して取り組めば、部下が相談する癖を身につけることができます。

Q62 部下の育成編

達成習慣づくり

やればできることをおろそかにしたり、達成できそうだと思って力を抜いてしまったりする部下をどう育てるか悩んでいます。いつもという訳ではないので、逆になぜそのようなことになるのかがわかりません。どうすればよいのでしょうか？

A 人には、さまざまな習慣が身についています。いかによい習慣を増やし、悪い習慣を減らすことができるかが、部下育成の鍵となります。特に、ご質問にある部下に身につけてもらいたい習慣が、必ずやり遂げる“達成習慣”です。本項では、この**達成習慣づくりの5つの条件**を紹介します。

①プレッジ（宣言）

部下が取り組むことを、管理職であるあなたに、もしくはメンバーの前で宣言させましょう。プレッシャーが行動へと駆り立てます。ただ「頑張ります」と言わせるのではなく、「今月○○を完了してみせます。そのため、毎日○○を実行します」とより具体的に行動・手段がはっきりしたものにさせることが肝心です。

②チェック（事実の把握）

自主性を重んじすぎて放任になっていませんか？　部下が何をめざしているのか、そのためどんな努力をしているのか、どの程度の意欲で取り組んでいるのかを把握します。部下の個性に応じ、タイミングよくチェックし、達成習慣づくりのための“動機づけ”を行うことが必要です。

③プッシュ（実行の督促）

チェックの結果、進捗が思わしくない時、いかに実行を督促できるかが管理職の力量でもあります。計画遅れの原因に応じてプッシュの方法を選んでください。優しく諭すのか、真剣に叱るべきなのか、いつ・どこで言うべきか、などなど、この方法を適切に選ぶように心がけてください。プッシュの目的は部下が「自分のためにもやり切ることが大切だ、よしやろう」ということを気づかせ、そのあとの行動に結びつけることです。

④ヘルプ（達成への支援）

実際に手伝うことだけではなく、ヒントやアドバイスを与える、黙って見守る、逃げ場をなくしてやる……さまざまな方法があります。ヘルプの目的は「部下の頑張りを成果につなげること」です。間違えても、依存心を助長させたり、部下の手柄を奪うことになるようなヘルプはしないようにしましょう。

⑤フィードバック（手応えと軌道の確認）

自分の努力は本当に意味があるのか、正しい方向に向かっているのか、と部下は不安になるので、最終成果だけでなく途中経過に対するフィードバックもしましょう。お客様や先輩からのお褒め言葉などもできるだけ伝えてあげれば、これからの活動に大きな励みとなります。逆に悪い情報であれば、早い段階でフィードバックすることを心がけてください。事実だけを具体的に伝え、今後の改善に役立てるよう促すとよいでしょう。管理職としての主観や評価を入れ、本人のやる気を削ぐようなことは避けましょう。

Q63 部下の育成編

部下の意識を変えるには？

現在、営業課長をしていますが、一番の戦力となっている部下の仕事のプロセスに問題を感じています。強引な仕事の進め方に社内からもクレームが出ているのですが、本人は結果を出しているのに口出しされることが不満なようで、聞く耳を持ちません。

A この部下の場合、仕事のプロセスを指導しても、意味がありません。本人の意識を変えるように働きかける必要があるでしょう。しかし、人の意識は簡単に変わるものではありません。上司であるあなたにとっても非常に負荷の高い働きかけになりますので、やるからには本気で向き合う決意をしてかかりましょう。

決意ができれば、部下の意識を変えるために、**この部下に一段高いポジションの視点を持つように働きかけてみましょう。**言い換えれば、あなたがこの部下を課長に昇進させることを目標に育成するということです。もちろん、自分だけでは決められない人事に関することですので、自分だけで約束することはできません。事前に課長である自分が上司（部長）に、その部下を「次の課長として育成してみせます」と宣言しておくとよいでしょう。その際、部長から違う意見が出てくれば、同意してもらえるまで、しっかりと話し合いをする必要があります。違う方法を選択するなどの判断となることも含めてしっかりと話をしましょう。

また、部長から「課長のあなたはどうするの？」という質問が出てくるかもしれません。その質問に対しては、自分は部長に昇進できる（もしくは、現在よりも責任の重い課の課長として異動できる）よう、自己の成長を約束しましょう。もちろんこれは、部長を突き上げるような動きをするということになります。冒頭に述べた通り、このくらいの覚悟をしておく必要があるということです。

部長としっかりと対話し同意が得られれば、課長であるあなたがその部下に対してこだわって取り組むだけです。プロジェクトのリーダーを任せたり、後輩の育成責任を持たせたり、課長代理などの役職を引き受けさせたりするとよいでしょう。言うなれば、「プレイヤーとしてよい仕事ができるだけではもうダメよ」と明示して、マネジメントの要素を含む仕事に取り組ませるのです。課長であるあなたが覚悟を決めて、次期管理職としてこだわって育成すれば、本人の意識も変えることができるはずです。成果は出せる部下ですので、現状に加えてマネジメントの視点を持たせることができれば、自分の仕事の問題に気づき、プロセスを見直すことができるでしょう。

懸念されることとして、本人が次期管理職として育成されることを承諾しないということがあります。スーパープレイヤーとして、管理職ではなく、プロフェッショナルの道を歩みたいというキャリアプランを持っている場合です。しかし、今回の部下に対しては課長としてこれを認めることはせず、管理職に昇進できる所までレベルアップしなければ、プロフェッショナルを選ぶ選択権も与えないという姿勢で臨んでください。昨今、管理職になりたくないというプロフェッショナル思考のビジネスパーソンが増えていますが、問題ある仕事のやり方を容認する訳にはいきません。

組織に属する各人が、管理職かプロフェッショナルの道を選ぶかは上司と本人で決定すればいいでしょう。いずれにせよ、常に進化し続けるために切磋琢磨することを忘れさせないようにしましょう。

Q64 部下の育成編

部下が失敗をしたら

部下が失敗をした時の対応がわかりません。先日もつい感情的に叱ってしまい、部下を萎縮させてしまいました。部下が失敗をしないよう注意は払っているのですが、もし部下が失敗をした時にはどのように対応すればよいのでしょうか？

A 管理職がどんなに気をつけていても、部下は失敗をするものです。もちろん、失敗はしない方がよいでしょうが、失敗を通して成長するのも事実なのです。あなた自身のことを思い返してみても、失敗が成長の糧となったことが一度や二度ではないはずです。管理職は部下が失敗をした時こそ成長の重要な機会と捉え、**「失敗はさせないようにしながら、どんどん失敗させる」**という一見矛盾した考えをより所にする必要があります。その上で、部下が失敗をした時にはどのように対応すればよいかを具体的に紹介しましょう。

部下の失敗にも色々あります。例えば、管理職への報告を怠ったために手遅れとなってしまったというような失敗や、不注意がもとで発生した失敗、経験やスキル不足が原因の失敗、積極的に挑戦した結果の失敗などが考えられます。それぞれの失敗に応じて、管理職が対応を変える必要があるかと言えばそうではありません。すべての失敗に共通する

「対応の原則」があるのです。

まず、**「頭ごなしに叱らない」**ことです。大半の部下は失敗をしてしまったことを反省しています。そこに追い打ちをかけるように、「バカヤロー！」「なんてことをしてくれたんだ！」「もっと頭を使え！」と激しい叱責の言葉を浴びせかけてしまえば、ご質問のように部下は萎縮してしまうことでしょう。部下を尋問するような口調で責めるのもいけません。「どうしてこんなミスをしたんだ？」「なんでもっと早く相談にこなかったんだ？」などと部下を問い詰めることのないようにしましょう。

では、どうすればよいのか？**「原因と改善策を部下に考えさせる」**ように導くのです。「今回のミスはどんな点に問題があったと思う？」と質問を投げかけて、部下自身に考えさせるのがポイントです。この問いかけに対して、ひょっとすると部下は言い訳めいた話を始めるかもしれません。管理職としては、そこが我慢のしどころです。部下の話に「うん、なるほど」と相づちを打ちながら忍耐強く耳を傾けるようにします。部下の話が一段落したところで、「どのようにしたら今度はうまくいくと思う？」と次の質問を投げかけます。このプロセスを踏むことで、部下自身が改善の方向性を見つけ出す可能性が高まるのです。

またどのような失敗に対しても、**「部下の努力や意欲、仕事ぶりや能力を認める姿勢を示す」**ことが重要です。例えば、クリアするのが難しいと思われる事案にチャレンジして失敗した場合、それが管理職の想定内の失敗だったとしても、まずは、「結果は残念だったけれど頑張ったな（惜しかったな）」とねぎらいの言葉をかけたり、「チャレンジした意欲は素晴らしいよ」と賞賛の言葉をかけることを忘れないようにしましょう。そのあとで、前記の「原因と改善策を部下に考えさせる」ようにするのです。予期していなかった失敗に対しては、「今回のミスは君らしくないな」と部下の仕事ぶりや能力を認めているという姿勢を示す言葉をかけるのがよいでしょう。

Q65 部下の育成編

部下をさらにレベルアップさせるには？

部下のAさんは、優秀で業務能力も高くチームの中心メンバーです。しかし、あと一歩のところで目標達成を逃すことが頻繁にあります。その都度、一緒に原因を考えてアドバイスもするのですが、その傾向は変わりません。彼を変化させるにはどうすればよいでしょう？

A 少々手厳しいかもしれませんが、ご質問にあるAさんのような優秀な部下に、その程度の仕事しかさせられないのは、管理職の姿勢に問題があると言ってよいでしょう。このケースに限らず、**部下育成の大事なポイントは、部下の問題を「管理職である自分のどこに問題があるのか」という観点でその原因を自分に求めるということです。**そのように見てみると、Aさんがあと一歩のところでいつも目標未達に終わるのは、管理職であるあなたのどこかに問題があるということが言えます。では、どこに問題があったのでしょうか？

考えられるのは、あなたの「こだわり不足」です。管理職であるあなたに「何としてもやり遂げさせよう」という強い意志があれば、このような状態にはならなかったと思われます。例えば、あなたはAさんに目標項目と目標値だけを与えて（管理職としては任せたつもりで）、そのあとは納期がくるまで放任していなかったでしょうか？

そのようにお尋ねすると、あなたは「いやいや、きちんと進捗の管理をしています」とお答えになるかもしれません。ところが、その状態を私たちは管理職の「丸投げ」と呼んでいるのです。管理職である自分に負荷をかけないで、部下の自主性に任せ、あとはチェックするだけの状態になっているということです。

Aさんの場合、もうひと押しが足りない、あるいは“ヨミ”が悪いといったところが、管理職としての育成課題になっているはずです。にもかかわらずこの状態が続いているのは、あなた自身への負荷が十分ではないのかもしれません。ここで言う負荷とは、管理職であるあなた自身が、①**「今回こそは、必ず目標をやり遂げさせると覚悟を決める」**こと、またAさんに対しても、**②「今回こそは、あなたが目標を達成することにこだわり続けると宣言する」**こと、**③「こだわりを示し続ける」**こと、の3点です。

この中で、管理職として特に意識したいのが③の負荷です。最低でも3ヶ月は継続して、管理職のこだわりを示し続けてください。具体的にはまず、あなたがこだわる項目（Aさんの場合、目標を必ずやり遂げさせること）に関して、実現までのシナリオを共同で作成し、1週間単位・1ヶ月単位での目標値を明確にすることです。その上で、週に一度のペースで進捗状況を共有する場を設けてください。あなたのこだわりを示すポイントは、**「3ヶ月間はどんなことがあっても、週に一度の情報共有の場を設け続ける」**ことと**「1週間単位での目標未達が発生した場合は、必ず次の週までに取り戻させることを約束させる」**ことの2つです。

ここまであなたがこだわり続けることができれば、Aさんも「やり遂げる」ことに本気になってくるのではないでしょうか。部下が本気で「やり遂げたい」と思った時にこそ、管理職のアドバイスも活きてくるものです。

Q66 部下の育成編

新人育成の心構え

預かった部署に今年度、新入社員が配属されます。今まで、後輩の面倒をみたことは多々ありますが、新入社員と接するのははじめてです。どのように育てればよいのでしょうか？

A 新入社員に対して、マネジメントはあまり重要ではありません。仕事を与えて、指示と指導をしっかりすればおのずと成長するからです。新入社員はいわゆる“躾《しつけ》”の段階だと思えばいいでしょう。しかし、それだけでは「すぐに辞めてしまう」恐れがあります。そこで、本項では厳しく躾けても辞めさせないためにどうすればよいのかということを紹介します。

よく「今年の新入社員は？」と傾向を伝えられますが、性格や考えは1人ひとり違います。報道やイメージを鵜呑みにせず、**1人の人間として尊重する意識**が大切です。そうすれば、人間同士しっかりと向かい合うことができるでしょう。

あとは **“成功期待感” さえ持たせること**ができれば、まだ弱さの残る新入社員も厳しくしても頑張ってついてくるようになります。

では、“成功期待感”を持たせるとはどういうことでしょうか？

社会人として1人前になりたいけれど、何をすればよいのか、どこに向かえばよいのか、五里霧中という状態になるのが、新入社員です。そこで、「これなら、自分にでもできそうだ」と感じられれば、目の前の霧を晴らすことができるのです。この「自分にもできそうだ」という感覚が、成功期待感です。

具体的には、誰よりもよい挨拶ができることや、電話対応ができるようになることなど、まず本人が自分にもできそうだと思えることを、役割として与えます。しかし、ただ闇雲にそれをさせるという訳ではなく、それさえしっかりとやっていれば、本人が思い描く社会人として着実に前進することができるのだということを伝えることが大切です。そうすれば、社会人としてまずは、言われたことをしっかりとやり切るという癖がつきます。

たまには大きな目標を思い出させて、厳しくも成功期待感を感じさせながら、今やるべきことを実行させていけば、辞めることなく成長していってくれるでしょう。

Q67 部下の育成編

新人育成のためのメンタリングとは？

私たちのチームに新入社員が2名配属されることになりました。新人の受け入れははじめてなので、彼らの指導育成をどのように図っていくべきか思案しています。参考となるような新人育成法があれば教えてください。

A 「メンタリング」に取り組んでみてはいかがでしょう？ **メンタリングとは、職場の先輩（メンター）と後輩（メンティ）がペアとなって後輩社員の育成とキャリア形成を図っていく仕組みのことです。**先輩社員は仕事に関するさまざまな情報（技術・知識・社内情報・人間関係など）を教えたり、後輩社員の相談に乗ったりします。「なんだ、そんなことならウチの会社でもやっているよ」と思われた方もいるかもしれません。実はその通りなのです。我が国では何十年も前から、多くの職場で当たり前のように行われてきた育成方法がメンタリングです。

1980年代に米国でメンター制度として企業が採用するようになり、昨今では我が国でも、メンター・メンティ・メンタリングなどの言葉とともに、制度として採用する企業が増えています。メンター制度を採用した企業では、主に新入社員や女性総合職を対象にしたメンターを社内で認定して、メンティが困った時にいつでも相談することができる体制を敷いています。

ここで紹介する「メンタリング」は、そこまで格式張ったものではありません。**配属される新入社員の“面倒を見る”先輩社員を、メンターとして任命することから始めるとよいでしょう。**ポイントは、メンターとなる先輩社員の選定です。一般的に、新入社員のメンターとなる先輩社員は役職者よりも若手社員の方が適していると言われます。メンターとなる先輩社員は、新入社員が身構えない相手である必要があるからです。「こんなことを聞いてもよいのだろうか？　あんなことを言ってもよいのだろうか？」と新入社員が遠慮するようなメンターでは、メンタリングの効果はありません。可能であれば、新入社員の身近なロールモデル（お手本）となる先輩社員を選定しましょう。

また、管理職にはもう1つ注意すべきポイントがあります。それは選定したメンターに「ただでさえ忙しいのに、新人まで押しつけられて……」などと思われないよう、メンタリングの目的とメンターに選定した理由をしっかりと伝えることです。「君が新人の面倒を見てくれよな」と乱暴に任せないようにしましょう。

このような職場内のメンタリングは、新入社員の育成に効果が期待できるだけではありません。メンターとなった社員の成長も期待できるのです。つまり、後輩の指導に携わることで、早くから「人を育てる」意識を養うことができるからです。「仕事を教えるのがこんなに難しいとは思わなかった……」「何がわからないのかがわからない……」「自分で考えてくれない……」など、新入社員のメンターとなったことで「管理職の苦労がわかった」という感想を漏らす社員もいるそうです。

「メンタリング」という言葉を使うかどうかはともかく、新入社員を育成する1つの手立てとして検討してみてもよいでしょう。

Q68 部下の育成編

部下の業界知識や商品知識を高めるには？

2年目の若手が自分の預かる組織に配属されました。やる気はあるのですが、業界の知識があまりにも貧弱です。商品知識や業界知識を早く身につけさせるには、どうすればよいのでしょうか？

A　どのような勉強でもそうですが、本人にその気（学習意欲）がなければ学習効果は上がりません。業界知識や社内の商品・サービスなどの知識を身につけさせるにあたっても、いかに本人をその気にさせるかがポイントになります。

ご質問にあるような部下に対しては、例えば、**「業界最新情報」などと銘打った情報発信を任せてみてはいかがでしょうか。**メールや社内ブログ、掲示板などを活用して、業界の最新情報を配信させるのです。情報を配信する対象は管理職を含めた組織の全メンバーとして、だいたい1週間に1回程度の頻度で配信させるとよいでしょう。

一般的によく言われることですが、人に何かを教えよう、伝えようするとそれ以上の知識を学ばなければなりません。業界の最新情報を伝えるためには、業界の基礎知識から過去のできごとまで幅広い知識が必要になります。業界知識に乏しい本人にとっては、“うってつけ”の学習機会となるでしょう。またメンバーへの情報発信が目的であるため、本人が勉強に飽きてしまうことはないでしょう。加えてこの情報発信がきっかけとなって、職場内のコミュニケーションが活発に行われるようになるかもしれません。

この取り組みを成功させるポイントは、発信させた情報に対するフィードバックを欠かさないことです。例えば、「この前の情報発信、役に立ったよ！」と感謝を示すことや、「この前の情報は最新じゃないよ。10年も前から標準になっているよ」と正しい知識をインプットすることで、彼の意欲を刺激するようにしましょう。

この取り組みを始めるにあたって注意が必要なのは、本人へのアプローチ方法です。あなたがこの部下に対して、「お前はまったく業界知識がないのだから、勉強するために情報発信してみろ！」と頭ごなしにやってしまっては、まったく効果が上がりません。ここでは、「最新情報をチームのメンバーに知ってほしいので、情報発信担当者としてその役割を担ってくれる？」と問いかけましょう。そして、メンバーへの情報発信が組織に貢献する仕事であることを示して、本人が「よしやるぞ！」と思えるような意欲を引き出してから取り組ませるとよいでしょう。

そうすることで、“やらされ”ではなく“自分の仕事”として勉強するようになってくれるはずです。また、組織の情報収集を自分が担っているという責任感が生まれ、同じ組織のメンバーに対して貢献する喜びを感じてくれるようになれば大成功です。

Q69 部下の育成編

OJTで部下を育成する

当社では計画的に人材を育成する仕組みがありません。社外研修はもちろん、社内での研修や昇進した際の教育なども実施していません。管理職としては部下たちを計画的に育成していきたいと考えているのですが、どのようにすればよいのでしょうか？

A ご質問のように、社内外で行う研修やセミナーなどの集合教育を活用しなくても、計画的に部下を育てていくことはできます。仕事の場、つまり日常の業務を通じて部下育成を図っていくのです。このように**日常の仕事を通して部下を育てることを「OJT（On the Job Training)」と呼んでいます**（※「OJT」に対して、社内外で行う集合教育は「OffJT（Off the Job Training)」と呼ばれます)。

「OJT」と聞くと、日常業務の中で管理職が指示・指導しながら部下を育成する姿をイメージする方がいるかもしれません。管理職にとって、「部下が知らなかったことを教えた」「部下が作成した企画書にアドバイスを加えて修正させた」「部下がミスをしたのでその場で叱った」というようなことは、それこそ日常茶飯事でしょう。しかし、これらはOJTと言うよりは日常の管理業務と言ってよいものです。

OJTを活用して部下を計画的に育成するには、それぞれの部下の経験や能力を考慮して具体的な育成テーマを設定することが欠かせません。例えば、「独力で新規顧客の開拓ができるようにする」「関連部署との調整を実施してプロジェクトを立ち上げることができるようにする」「(ある一定レベルの事案を指して)この程度の事案を1人で解決できるようにする」など。育成テーマを設定する際のポイントは3つあります。1つ目は**「部下と協議の上でテーマを設定すること」。**管理職からの"押しつけ"とならないように注意しなければなりません。2つ目は**「できるだけ明確な目標項目と目標値を設定すること」。**部下自身が何を達成すればよいのかを理解している必要があります。3つ目は**「3ヶ月程度でフィードバックが可能な育成テーマとすること」。**部下が比較的短期間で自分自身の成長を実感できることが重要です。これら3つのポイントを踏まえ、それぞれの部下の育成テーマを設定するとよいでしょう。

育成テーマが決まったら管理職は必要に応じて、**①率先して手本を示す、②アドバイスや指導をする、③強制してやらせる、④褒めたり叱ったりする、**を実施して、部下が自らの力でやり遂げるのを支援していかなければなりません。

そして四半期を区切りとして、徐々にレベルの高いテーマに挑戦させていくことで部下たちを計画的に育成していくのが「OJT」の基本的な考え方です。

「OJT」を的確に表現した言葉として**「やってみせ、言って聞かせて、させてみて、褒めてやらねば人は動かじ」**があります。これは太平洋戦争の連合艦隊司令長官だった山本五十六の語録として有名ですが、それより古くから人を育てるポイントを言い伝える言葉として語り継がれているものです。現在の「OJT」においても変わることのない管理職の心得として覚えておいてもよいでしょう。

Q70 部下の育成編

コーチングとは？

昨今では、部下を育成する方法として「コーチング」が主流になっていると聞きます。「コーチング」とはどのような手法なのでしょうか？

A 「コーチング」とはもともとスポーツ界で使われていた用語ですが、現在ではビジネスの世界でも広く使われるようになってきています。ビジネスの世界では、主にコミュニケーションスキルとして管理職に習得させようとする企業が多く、そのために「コーチング」が部下育成に欠かせないスキルとして認知されるようになってきています。しかしその定義や手法については、「コーチング」をサービスとして提供している種々の機関や企業によって若干ニュアンスの違いが存在します。ここでは、ビジネスの場で一般的に認知されている「コーチング」の基本的な考え方と代表的なスキルについて紹介します。

コーチングを支える基本的な考え方は、**①部下を1人の人間として尊重する姿勢を貫く、②管理職は自分の考え方を部下に押しつけない、③管理職の指示や命令は最小限にとどめる、④部下の自発性を重視する、⑤効果的な質問をして部下の話を傾聴する、**といったところに集約されます。そして、その代表的なスキルには、**「傾聴のスキル」「質問のスキル」「承認のスキル」**の3つがあります。

「傾聴のスキル」は文字通り、部下の話を「聴く」スキルです。「聞く」が受動的に「聞こえてくる」というニュアンスを含むことと区別して、「聴く」は能動的に「心を込めて耳を傾ける」という意味で使われます。コーチングでは、部下の意欲を引き出すために、管理職が部下の“本音・心・考え・感情”を「聴く」意識と姿勢を重視しています。

「質問のスキル」は、部下が自分で考えて答えを導き出すことができる質問をするスキルです。ポイントは「Yes・No」で答えさせる“クローズドクエスチョン”ではなく、「How to？」（どのようにしたらうまくいくと思う？）などの“オープンクエスチョン”を利用する点です。一方で、「Why？」（なぜ？　どうして？　なんで？）と部下を尋問するような質問はタブーとされています。

そして**「承認のスキル」**は、部下を認めることで意欲を引き出そうとするスキルです。端的に、部下を褒めることで伸ばすスキルと言ってよいでしょう。いずれのスキルも、部下に「考えさせ」「課題を設定させ」「自発的にやり遂げさせる」ことに適したコミュニケーションスキルです。

部下の育成にコーチングを活用する際に注意したいのは、管理職がこれらの手法やスキルに縛られすぎないようにすることです。部下との対話で“このような話し方、質問をしなければ”というような強迫観念にとらわれてしまっては本末転倒ですし、部下の自主性を重んじるがあまり、管理職として果たすべき責任が果たせないというようなこともあってはならないのです。その点を踏まえて、コーチングを活用するようにしましょう。

7.組織づくり編

Q71 組織づくり編

組織を活性化させるには？

私の預かった組織は、何となく雰囲気が暗く部下たちにも活気がありません。この組織を活性化させるために、管理職としてどんな手を打てばよいのでしょうか？

A 組織に活気がない原因は、さまざま考えられます。例えば、業績がふるわない組織はどうしても暗い雰囲気になるでしょうし、組織内のコミュニケーションに問題がある組織には活気が感じられないものです。いずれに原因があるにせよ、管理職は組織の雰囲気を変える手立てを講じなければなりません。そのためのヒントとして、以下の4つの質問について考えてみてください。

①組織の目的と目標は共有されているか？
②組織の明るい展望は共有されているか？
③部下の1人ひとりに配慮がなされているか？
④部下のレベルアップを図っているか？

①の質問は、組織全体の目的と目標、各部下の仕事の目的と目標が全員にしっかりと共有されているか、を点検してみるということです。特

に、各部下の仕事の目的と目標は、本人が明確に引き受けた上で、全員のコンセンサスが得られていなければなりません。そうでなければ、それぞれが孤軍奮闘の状態で、組織内の助け合いやコミュニケーションも希薄になってきます。

②は組織の道しるべとなるものです。管理職は、各部下が「この仕事を半年続けていれば次のステップが見えそうだ」というような自分自身の明るい展望を重ね合わせられるように働きかける必要があります。①、②ともに、管理職が一度伝えれば共有されるというものではありません。最低でも月に一度は、管理職と各部下間で当初の目的と目標、展望に立ち戻ってみる対話を設ける必要があるでしょう。

③はすべての部下に管理職の気配りが行き届いているか、ということです。引っ込み思案の部下や目立たないタイプの部下、縁の下の力持ち的な業務を担当している部下にはスポットが当たらないことが多いものです。管理職が彼らの存在感を高めてやることで、組織の一体感が増すことがあります。例えば、組織の定期ミーティングなどを利用して、皆の前で褒めたりすることも組織の活性化に繋がります。

④は各部下が自分のレベルアップを感じているかどうか、ということです。自分の成長を感じられていなければ、“穴を掘ってすぐに埋め戻す”というようなモチベーションで仕事をしている恐れがあります。そのような状態が見受けられるなら、すぐに手を打たなければなりません。例えば、やれば必ず達成できる一段高い目標を引き受けさせて皆の前で宣言させ、その目標を達成した暁には皆の前で表彰するなど、組織全体を巻き込んでレベルアップを感じさせる動きをつくるとよいでしょう。管理職として大切なことは、“部下の成果を褒める”“さらにレベルアップを期待する点を提示する”などのフィードバックを欠かさずに行うということです。

Q72 組織づくり編

部下が仕事にやりがいを感じるためには？

よい管理職は、部下に“やりがい”を感じさせることができると聞いたことがあります。どうすれば、部下に“やりがい”を感じてもらうことができるのでしょうか？

A

仕事に“やりがい”を感じるのは、どんな時でしょうか？

仕事のやりがいには大きく3つの要素があります。それは、**大きな仕事をやり遂げた時に感じる“達成感”、今までできなかったことができるようになった時に感じる“成長感”、他人の役に立った時に感じる“存在感”**です。

3つのうち1つでも、仕事を通じて実感することができれば、人は仕事に対して“やりがい”を覚えるのです。これら3つの要素を少し詳しく見てみましょう。

まず“達成感”ですが、これはフルマラソンを完走した時に感じるような感覚です。要は「自分にできるだろうか？」というくらい高い目標をやり遂げた時に実感できる感覚なのです。逆にたやすくクリアできる目標を何度も繰り返し達成しても、達成感を感じることはできません。仕事でも同様です。最低でも“自分が精一杯頑張ってやっと届くレベル”

にある目標をクリアするくらいでないと“達成感”を感じることはできないのです。管理職が部下に目標を設定する際には、“本人が精一杯頑張ってやっと届くレベル”よりもう一段高いレベルの目標を設定するように心がけましょう。そして、部下がこの高い目標にチャレンジしてみようという気持ちになれるよう、成功期待感を抱かせることが大切です。

次に“成長感”ですが、人はこれをどのように感じるのでしょうか？簡単に言えば、過去を振り返ることで感じるのが“成長感”です。例えば新人の営業マンが、「1ヶ月前は緊張してお客様を直視することすらできなかった私が、気がつけば堂々とセールストークを並べることができるようになっている」と気づいた時に“成長感”を感じるのです。部下が“成長感”を感じることができるように管理職が意識すべきは、定期的に自分の仕事を振り返る機会を与えることです。

最後の“存在感”ですが、これは他人に感謝された時に実感できます。お客様や同僚、関連する他の組織のメンバーに「ありがとう、おかげで助かったよ」などと言われれば、誰しも嫌な気分はしないはずです。組織全体や他の誰かの役に立っていると実感できることが“やりがい”につながるのです。管理職は、①定量的に評価がしづらい仕事を担当する部下、②“縁の下の力持ち”的な仕事を担当する部下、③派遣社員などの非正社員などに対しては特に、この“存在感”を実感できる場を設けるとよいでしょう。それには、スポットライトを当てるということが有効です。例えば、チームミーティングの中で「みんな、○○さんを頼りにしているんだよ。これからもチームを支えていってください」などというように、全員の前で称える、ねぎらうなどするとよいでしょう。

Q 73 組織づくり編

変化を受け入れない組織

当社は長年の業績不振でオーナー経営者が退き、新たな経営者を外部から迎えました。新社長は事業戦略を転換する方針を打ち出しましたが、私の組織では部下たちが旧来のやり方を変えようとしません。どうしたら、部下たちが変化を受け入れてくれるでしょうか？

A 部下たちが変化を受け入れられないのは、**①先行きに不安を感じているため、②変化する方法がわからないため、③変化に伴う苦労を嫌うため、**の3つの理由を挙げることができます。

まず①について考えてみましょう。大きな環境の変化に直面すると大半の人が不安を感じるものです。ご質問のケースでも、部下たちは多かれ少なかれ「この先どうなるのだろうか……」という不安を感じているはずです。彼らの不安を払拭するには、変化の先には“明るい見通し”があることを管理職が示さなければなりません。ポイントは、**自らの言葉で“明るい見通し”を部下たちに語りかけることです。**管理職が「経営者や上司が決めたことだから」と自らの責任を回避するような言い逃れをしたり、「成功するかしないかはやってみなければわからない」と運を天に任せるような発言をしたりするようでは、部下たちの不安はますます募ってしまうことでしょう。

次に②に関して、部下たちが変化に対応するためには“何をしなければならないのか”“どうすればよいのか”を管理職が明らかにしなければなりません。また、これらを明らかにしても「私は変化には対応できない……」と自分を否定する心理状態に陥る部下が発生することもあります。そのような場合、管理職は変化に対応するための具体的なシナリオも提示する必要があります。そして、**十分な対話を行い、部下の1人ひとりが「自分は変化できる」という成功期待感を持てるように働きかけなければならないのです。**

そして③ですが、変化には必ず負担が伴います。言い換えれば、変化するためには苦労しなければならないということです。ご質問のようなケースでも、部下たちが変化に対応していくには、何らかの新しいことにチャレンジする必要があるはずです。例えば、新しい知識や技能を習得する、新しい顧客を開拓する、新しい人間関係を構築するなど、いずれも本人にとっては負担がかかることばかりです。管理職には、**部下たちの負担に見合うメリットを提示することが求められるのです。**「この変化を乗り越えることで○○のスキルアップが期待できる」「変化の先頭を走ることで組織での存在感が高められる」など具体的なメリットが提示できれば、変化を前向きに捉えられるようになる部下も増えるでしょう。

Q 74 組織づくり編

影のリーダーに手を打つ

メンバーに大きな影響力を持つベテランの部下がいます。組織の雰囲気は彼に握られていると言ってよく、管理職である私の意思決定も彼が賛同を示さない限り、部下たちの協力が得られないような状況です。どうすればよいでしょうか？

A 組織には“影のリーダー”とも呼ぶべき影響力の大きなメンバーがいるものです。業務に精通しているベテランの部下や、批判的な精神に富んでいる部下がその代表格です。また、アシスタント業務を担当する派遣社員が組織の雰囲気を左右する“影のリーダー”的な存在になっていることもあります。彼らは大きな影響力を持っているので、管理職の片腕として機能してくれればこれほど心強いことはありません。しかし、管理職の意思決定に表立って異を唱えたり、管理職がいないところで“面従腹背（うわべでは従うようにみせかけ、内心では従わないこと）”の姿勢を明らかにしたりすることで、他の部下を引き連れて組織のモラール（士気）を下げてしまう“影のリーダー”もいるのです。そのような影のリーダーに対しては、管理職が何らかの手立てを講じる必要があるでしょう。その方策としては大きく、**①本人に直接手を打つ、②間接的に手を打つ、**の2つが挙げられます。

①は **“本人と1対1の対話を設けて粘り強く話し合う”** という正攻法です。対話のポイントは、「私は管理職としての責務を本気で果たそうとしていること」「その責務を果たすためにはあなたの協力が欠かせないこと」「前向きに協力してほしいと願っていること」の3点をストレートに伝えることです。これらを真摯に粘り強く伝えることで、彼らの口から不平や不満が出てくるようになれば対話は成功です。そのことをきっかけに対話を重ねて信頼関係を築いていきましょう。管理職として一番よくないのは、影のリーダーが大きな影響力を持っているからと言って“腫れ物に触るような”接し方をして、彼らと正面から向き合おうとしないことです。

②は **“影のリーダーに替わって組織を牽引する部下をつくる”** ことです。例えば、若手の部下に大きな仕事を任せてやり遂げさせる、低迷している部下に成功体験を積ませるなどして、組織のモラール（士気）を引き上げることに力を注ぐのがよいでしょう。そのような部下の育成を影のリーダーに任せるのも一案です。大切なのは、影のリーダーを蚊帳の外に置くことなく、管理職の考えに共感してくれる部下を1人、2人と増やしていくことです。そのためには、オープンな組織経営をすることが欠かせません。自分の考えは全員の前で明らかにして、部下の疑問や不安の解消に努めましょう。また、職場内のコミュニケーションを活発にさせて、不満や愚痴、できない理由などのネガティブな言動をのさばらせないような雰囲気をつくっていくことも大切です。

Q75 組織づくり編

コミュニケーション活性化のポイント

私の職場ではコミュニケーションのほとんどがメールを通じて行われています。業務の報連相もメールが中心で、部下たちが普段どんなことを考えて仕事をしているのか、正直言ってわかりません。管理職としてこのままでよいか心配です。

A 昨今、メールを利用したコミュニケーションはどの組織でも行われていると言ってよいでしょう。メールには相手がいなくてもいつでも送っておけるし、記録に残るので「言った・言わない」といったトラブルが発生しにくいなどの利点があります。一方で感情やニュアンスを正確に伝えにくい面があり、送り手と受け手との間に誤解や感情的なしこりを残すこともあります。そのようなメールの特性を踏まえた上で、管理職は組織内のコミュニケーションを活性化させる手立てを講じる必要があるでしょう。以下に、コミュニケーションを活性化する5つのポイントを挙げてみましょう。

①対面でのコミュニケーションの機会を増やす

毎日の朝礼や週に一度のミーティングなど、組織として実施する対面でのコミュニケーションの機会は欠かせません。管理職が部下と顔を合わすことすらないようでは、部下の保護管理責任は果たせないからです。部下の顔色はどうだろうか、声に覇気はあるだろうか……、対面することでわかる部下の情報はメールの比ではありません。また、全員が顔を合わす機会を設けることで組織としての一体感を高めていく効果が期待できます。

②指示や連絡をする場合は対面で伝えるようにする

管理職からの指示や連絡は原則口頭で行うようにしましょう。メールを利用した指示や連絡では指示や連絡の内容が“きちんと部下に伝わったか”タイムリーに確認することができないからです。また、部下からの質問や意見を受けることでミスを排除するとともに、部下の感情や意欲を把握することに努めましょう。

③部下からの相談事項はメールを使わないように徹底する

相談は部下の口から直接聞くようにしましょう。だからと言って「相談する際は私に直接声をかけてよ」と伝えるだけでは徹底されません。部下たちからの相談の動きに注意を払い、少しでも困った様子が見受けられる部下には管理職から声をかけるようにしましょう。

④管理職が日常的に部下に声をかける習慣をつくる

それぞれがパソコンに向かって黙々と仕事をしているところで部下たちに声をかけて回るのは勇気がいることかもしれませんが、率先して声をかけるようにしましょう。ただし、「調子はどう？　うまくいってる？」と部下をチェックするような質問は繰り返さないように気をつける必要があります。部下が気軽に話をすることができる雰囲気をつくるようにしましょう。

⑤飲みニケーションなど職場外のコミュニケーションを利用する

雰囲気を変えることでコミュニケーションが活発になることもあります。時には飲食を伴うコミュニケーションを図ったり、職場内の親睦を深めるイベントを催したりするのもよいでしょう。

Q76 組織づくり編

部下同士の仲が悪い場合の対応

部下同士の仲が悪く、協力や情報の共有が必要なのにもかかわらず、避け合っています。このような状況なので、管理職である私もどこまで介入すべきか悩みます。この先、どのように対応していけばよいのでしょうか？

A　短絡的に考えれば、どちらかの部下を異動させてお互い働きやすいようにすることも1つの回答かもしれません。実際、大きな組織であれば管理職の采配によって、このような感情をケアする異動もある程度行われているでしょう。しかし、多くの組織では違う部署に異動させたとしても、まったく関わらず仕事を進めていくということは考えられません。また、彼らが成長した際、関係部署の責任者同士として、違う立場から仕事に関わることも少なくないでしょう。

いずれにしてもこのご質問について考える場合、同じ組織の中に属している以上、いつどこで協力が必要となるかわからない、ということを忘れてはいけません。したがってここでは、異動させずにこの問題に対応する方法を考えてみましょう。

そもそも、この部下たちの関係の悪さはどこに原因があるのでしょうか?　大人気ない感情に起因するのであれば、ある程度の躾《しつけ》が必要かもしれません。「誰しも感情はあるけれど、それによって周囲に気を遣わせるほど態度に出したり、組織の運営に支障をきたしたりするような行動は組織を預かる者として絶対に許さない」という管理職としての考えをしっかりと持って、彼らの言動に対して指導やケアを実施しましょう。

大人気ない原因に対して躾ができた段階での対応、もしくは、そもそも仕事に対する考えややり方の違いという原因への対応は、本書でも再三お伝えしているように、管理職として方針をしっかり出すことで解決できます。この場合、方針を出す際、メンバーの“共通目標”と、個々の部下の“個人目標”に特に注意してください。**感情的にどうであれ、互いの協力がなければ属するチームの最終成果である共通目標達成はままならないということ理解させ、個人の目標として協力するための項目を引き受けさせるようにしましょう。**

“ぶつかり合いながらも共通目標達成をめざす人の集まり”が組織です。組織の中で、個々のメンバーが個人目標達成をめざせば社内のリソースやお客様間の整合性のために、衝突してしまうことは避けられません。しかし、さらなる目的として共通目標の達成をしっかり捉えていれば、お互いに邪魔をしながら個人目標だけクリアしようとしても、チームの最終成果が出なくては意味がないと考えることができます。個々の目的のためにぶつかってでも調整を重ね、共通目標のために協力して仕事をできるようになって始めて組織と呼べるのです。

この部下たちはお互いの感情ややり方の好き嫌いだけで周囲への配慮を欠くような言動をするとすれば、まだまだ組織人として未熟だと言えるでしょう。同じ組織に属するもの同士、よい関係が築ければ最高ですが、すべてそうとは限りません。管理職としては、彼らがよい関係になれないとしても、お互いが共通目標達成のために必要な戦力として捉え、組織人同士らしいつきあいができるよう育成したいものです。

Q77 組織づくり編

有効な会議にするためには？

チームで会議を設定しても、部下が思うように参加してくれません。発言を促しても、ほしい意見が出てこなかったり、決めたはずのことに対して誰も進めていなかったりと会議をした意味がありません。どうすればよいのでしょうか？

A チームでの会議を有意義なものにするか、無意味なものにするかはそのチームの責任者であるあなたにかかっています。では、あなたがどのようにすれば会議が有意義なものとなるか、以下5項目に沿って紹介します。

①無駄な会議はしない
②会議の日時と場所、目的を明確にする
③参加者の役割を明確にする
④決定事項、要検討事項を明確にし、その責任者を設定する
⑤議事録を残す

まず、①ですが、会議を開く必要のないことまで会議を設定したり、関係のないメンバーまでいつも招集したりしていないでしょうか？　こういうことが3度も続くと、メンバーは「またか」とか、「どうせ私には関係ない」という心理状況になってしまいます。会議を開くと言えば、皆が真剣に参加者としての意識を持てるよう、とにかく無駄な会議をなくすことが最優先です。

次に②・③ですが、緊急な会議以外は、事前に参加者にスケジュールを通知しておきましょう。もちろん、その際には何を目的としている会議か、それぞれ出席者の役割、準備することなどをアナウンスしておく必要があります。また、その会議の直前(朝の会議であれば、前日の帰り・午後からの会議であれば、朝や昼食時)にそれぞれ出席者に「今日の会議、よろしく」などと軽く声をかけておくとさらによいでしょう。そうすることによって、それぞれのメンバーが無意識に会議の目的を思い出したり、内容をシミュレーションしたりするため、会議がスムーズに始められます。

②・③は、もちろん実際に会議の初めにも、何の目的で、それぞれどういう役割を担っているかを再確認することが必須となります。たとえ議事録を取るための新人でも、議事録担当だということを明確に伝えてあげてください。

そして④ですが、決定事項だけではなく、それに対応した責任者(担当者)もあわせて決めておくことが重要です。会議という特性上、どうしてもチーム総意という色が濃くなります。そうなると、それぞれ「誰かがやるのだろう」と主体性を欠く可能性があるので、しっかりと担当者を決めておくことが重要です。

最後、⑤の議事録については、遅くとも次の日、可能であればその日に、参加者全員はもちろん、決定事項に関係する人間がいればその方々にも配布しておくことを忘れないでください。

議事録に記載する内容は、まず②～④の内容を明記しましょう。また、決定事項については経緯も残しておけるとさらによいでしょう。もちろん、要確認事項や未決定事項、相談事項も箇条書きで記載しておけば、次の会議にも有効な資料として活用できる議事録になります。

Q78 組織づくり編

シニアの活用

再雇用のシニアをうまく活用できません。本人たちのやる気も感じられず、逆に若手への弊害と感じる状況も多々見受けられます。どのように対応すればよいでしょうか？

A 「高齢者等の雇用の安定等に関する法律」の改正により、2006年4月1日以降、企業は①65歳までの定年の引上げ、②継続雇用制度の導入、③定年の定めの廃止のいずれかの措置を講じるよう定められました。現在、定年の引き上げ、廃止が難しいため、再雇用制度の整備を行う企業が多く見受けられます。

このような状況下、ご質問のように再雇用された方々の扱いに戸惑っている管理職も少なくありません。

このようなシニアの活用法として「熟練技術の伝承」や「経験の浅い社員の育成」などが紹介されています。最近では、成功例も取り上げられるようになってきましたが、必ずしもうまくいかないのが実情でしょう。

失敗の原因として「管理職としてのマネジメント不足」が考えられます。遠慮から、彼らに負荷をかけることができず、存在感や達成感のあるよい仕事をさせることに失敗してしまいます。このことついては、Q35を参考にしてください。

また、シニア層と現役メンバーそれぞれのプライドやお互いへの先入観、遠慮が現場での障害となっているケースも多く見受けられます。これらの大半は、コミュニケーション不足によって起こっています。だからと言って、シニア層に対して作業的な仕事や孤独な仕事ばかりを担当させていたのでは、経験値の高い彼らが仕事にやりがいを感じることができません。わかり合う努力もせず、彼らを道具のように扱おうとしたのでは、シニア人材が戦力となるどころか、ネガティブな発言や行動によって、組織に悪影響を与えてしまう存在になってしまいます。

そこで管理職がすべきことは、シニア人材と現役、特に若手の部下とのコミュニケーションが活発になるよう、しかけることです。シニア層の経験値の伝承をしてもらいたい場合、若手からも何かを教えるという仕組みをつくれば、知らず知らずにコミュニケーションが活発な状態になり、互いに必要な戦力として助け合う風土をつくりあげることができるでしょう。

例えば、シニア層からは経験を活かしたスキルを、若手からはパソコンスキルを伝え合うというような格好です。最初は、互いの役割が具体的であればあるほど、取り組みやすいでしょう。

今回のテーマで忘れてはならないことは、シニア層もやりがいを感じることによって、強い力を発揮してくれるということです。今までで考えれば定年していた年齢だからと言って、急に仕事に対する熱意を失うことはありません。逆に、戦力として存在感を発揮できることに誇りを感じてくれるはずです。

今後、シニア人材を活用できなければ、企業は生き残っていけない時代となります。これから組織の中核となっていく管理職としては、定年後再雇用した人材、定年廃止の組織での役職定年後の人材など、**シニア人材に対しても、さらに成長してもらおうというくらいの気持ちでマネジメントすることが重要です。**

8.人事考課編

Q79 人事考課編

人事評価に対する心構え

はじめて部下たちに評価をつけることになりました。私の査定が彼らの賞与を決めてしまう、そのように考えると、正直気が重くてしかたがありません。人事評価をするにあたり、より所となる考え方があれば教えてください。

A 部下たちを査定する立場にある管理職は大きな責任を担っています。その意味で、あなたは大変“まっとうな”感覚を持っていると言えるでしょう。だからと言って、全員に高い評価をつけたり、手心を加えたりするのは管理職としての責任を放棄したのも同じです。あなたの会社がどのような評価制度を採用しているかはわかりませんが、評価者である管理職は「どうしたら不公平感が少ない評価を下せるのか？」と自分自身に問いかけながら、果断に評価を下していかなければなりません。そのためのより所となる基本的な考え方は、**①主観が入らないよう努めること、②部下の成果に忠実であること、③部下の努力を認めること、④明確な差をつけること、**の4点です。

まず、①は管理職がもっとも注意しなければならないポイントです。部下たちが評価に大きな不満を抱くのは、評価に明確な判断基準が示されておらず、管理職の主観で評価が下されていると判断する場合です。

特に、「管理職はそれぞれの部下に対する“好悪の印象”で評価を下している」と部下たちに判断されてしまうと、その管理職のマネジメントやリーダーシップは破綻する可能性が高くなります。管理職は明確な判断基準を公開して、公明正大な評価に努めなければなりません。

そのためには、②が重要になってきます。中でも目に見える成果は、部下の貢献度を公平に測ることができる唯一の“ものさし”と言ってもよいでしょう。もちろん、目に見えない成果でしか部下の貢献度を測ることができない業務も数多く存在します。そのような業務を評価する場合でも、管理職は可能な限り“評価のものさし”となる成果の基準を部下たちの目に見える形で提示する必要があるのです。

そして、部下たちの努力や挑戦を評価する姿勢を忘れないようにするというのが、③のポイントです。評価制度によっては、このようなプロセスを考慮しないものもあります。その場合でも、評価者である管理職は、プロセス面での“きらりと光る成果”を認め、次につながる部下の意欲を引き出していかなければなりません。

上記の3つのポイントを踏まえ、部下間で明確な評価の差をつけなければならないというのが、④のポイントです。これは“頑張れば報われる、頑張らなければ評価されない”という組織のルールを示すために重要なことです。

人間が人間を評価する以上、完璧な人事評価はあり得ません。管理職は紹介した4つのポイントを人事評価の基本的な考え方に据えて、組織の構成員の8割から「その評価はもっともだ」と思われることを目標にして、部下の査定に臨んでください。

Q80 人事考課編

目標管理制度とは？

当社では人事評価に目標管理制度を導入しているのですが、そもそも目標管理制度とはどんな制度なのでしょうか？

A 昨今は、多くの企業が従業員の評価に成果主義を取り入れています。そのような企業の大半は「目標管理制度（MBO：Management by Objectives)」を採用しているようです。**目標管理制度とは、評価の対象となる期間（通常半期もしくは通期）の目標を設定し、当該期間終了後に目標の達成度を定量的に評価する仕組みのことです。**主にすべての従業員を対象に1人ひとりの人事評価を行う制度として導入されていますが、管理職や専門職などの職位や職種を絞って運用している企業もあります。いずれの場合も、一定期間にどれだけの実績を上げたかを判定して、給与や賞与にその結果を反映させるというものです。

「目標管理」の考え方は、現在のように人事評価制度として多くの企業に導入される以前から存在しました。もともとは組織の生産性を上げるためのマネジメント手法として提唱されたものです。この考え方に先鞭をつけたのは、P.F.ドラッカー（1909-2005）やダグラス・マグレガー（1906-1964）などの経営学者であると言われています。彼らの考えに共通するのは「組織のマネジメントにとって、従業員の意欲を引き出すことこそが重要であり、そのためには目標による管理が欠かせない」というものです。当初、この考え方を企業が導入したのは、“頑張った者が報われる、正直者が馬鹿を見ない”という公正な人事評価の仕組みをつくることで従業員のやる気を高めようとするねらいがありました。現在では成果主義の代表的な人事制度と言える「目標管理制度」も、もとを正せば、従業員のモチベーションを高める手法であったことは覚えておいてもよいでしょう。

次に、目標管理制度の具体的な運用方法について見ていきます。ここでは、管理職（上司）が部下を評価することを想定して説明していきましょう。目標管理制度による評価は、部下が「目標管理シート（名称は組織によってさまざまあります）」を作成することから始まります。部下は目標管理シートに目標項目・目標値・目標の達成計画などを記入します。ポイントは、上司が目標を押しつけるのではなく、まず部下が自分で目標を設定するという点です。そして、この目標管理シートをもとに管理職と部下が面談をするのが次のステップです。一般的に「目標設定面談」と呼ばれるこの面談では、上司と部下の双方（主に上司）が納得できる目標となるまで調整します。大半の場合、上司が目標値を上乗せしたり、目標項目を増やしたりするのが目標設定面談の現実的な姿でしょう。目標が決まれば評価の基準が決まったことになります。管理職としてもっとも注意したいのは、“目標が設定できたらあとは部下任せ”とならないよう、適宜適切なマネジメントを行うことです。また、評価期間が終了したらすみやかにフィードバック面談を実施し、達成できたこと・達成できなかったことを明確にして評価のフィードバックを行いましょう。

Q81 人事考課編

部下の目標をどのように設定するか？

先日から、部下たちと目標設定面談を始めました。部下たちが自分で設定した目標は、管理職から見れば大半が慎重な内容ばかりです。中には、何もしなくても達成が見えているような目標を出してきた部下もいました。部下の目標はどのように設定すればよいのでしょうか？

A 目標管理制度（ＭＢＯ）でもっとも重要なのは、それぞれの部下が「いかに適切な目標を設定するのか」ということです。適切な目標を設定するには少なくとも2つの条件が揃わなければなりません。それは、**「実現可能でチャレンジングな目標であること」**と**「客観的に測定が可能な目標であること」**の2つです。

「実現可能でチャレンジングな目標」とは、部下が意欲に燃えて取り組むことができる目標ということです。その意味では、ご質問にあるような容易に達成することのできる目標や、逆に達成するのが著しく困難な目標でもいけません。部下が「ちょっと厳しそうだけど、頑張ればやれるかもしれない」と思える目標でなければならないのです。そのような目標を設定するには、まず管理職が部下たちの能力を十分に把握しておく必要があります。その上で、1人ひとりの部下が“精一杯頑張ってやっと届くくらいのレベル”を最低限の目標に据えて、できれば、それより一段高いくらいの目標を設定させるように働きかけることです。慎重な目標を設定する部下に対しては、「君の能力ならここまで（一段上のレベル）はできると思う」と部下の意欲を喚起しつつ、「君が目標を達成できるように私も管理職として支援するよ」と部下の目標達成に協力する姿勢も示しましょう。

また、**「客観的に測定が可能な目標」**とは、部下たちが「自分はどこまで頑張ればよいのか」が明確になる目標のことです。「新規プロジェクトを積極的に推進する」「関係部署とのリレーションを確立する」「若手技術者の早期育成を図る」というような目標では、客観的に測定が可能であるとは言えません。管理職が達成度を評価するのも困難です。設定する目標は、部下が「いつまでに」「何を」「どのくらい（どの程度）」やり遂げればよいのか、が明らかである必要があります。前記の例でも、可能な限り目標を数値として設定する（若手技術者の育成であれば、技術の具体的な習得レベルを示すなど）のが望ましいでしょう。もちろん、どうしても定量化（数として表すこと）が難しいという業務も存在します。一般的にスタッフ系の業務、間接部門の業務は目標管理に馴染みにくいとも言われています。そのような業務を目標管理で評価する場合は、部下に“自分がめざす業務の姿”をイメージさせるとよいかもしれません。そして、その姿と現在の姿を対比させることで具体化できる目標項目を部下と一緒に検討してみるとよいでしょう。

最後になりましたが、ご質問のケースでは管理職として点検すべきこともあります。それは、人事評価に対する部下たちの不信感です。彼らが揃って慎重な目標設定をする理由が、「過去に高い目標を設定して目標達成ができなかったために賞与が下がった」、などの経験によるものかもしれないからです。その場合は、管理職として公正な評価に努める姿勢を粘り強く示していかなければならないでしょう。

Q82 人事考課編

目標設定面談の進め方

我が社では目標管理制度を導入しており、課長の私は部下全員に対して目標設定面談をしなければいけません。どのようなことに注意して進めればよいでしょうか？

A 目標管理制度（MBO）を取り入れている組織では、**個々の部下に対する目標設定は、その期の業績を左右する大切な仕事です。管理職であるあなたが、ルーチンワークとして捉えるのではなく、意識を高く持つことから始めましょう。**

上司から下りてきた業績目標が達成困難な目標値であっても、引き受けた以上は課長として「絶対やり切るぞ」という決意をしてください。間違っても、部下に対して「できないかもしれない目標だけど、上がやれって言うから……」などという言い方はしないようにしましょう。部下からはあなたのことを“自分の上司に対しては何も言えないくせに、自分たち部下に対しては強気で苦しいことを押しつける”という目で見られてしまいます。Q57で述べた通り、部下には課の目標や課の展望など、課長としての想いを伝えてください。

それができれば、Q58で述べた要領で、目標項目や目標値を決定していきます。要するに、課長としてその部下に引き受けてほしいと思っている項目を傾聴によって引き出し、“押しつけられた”のではなく、部下が自ら設定した目標という気持ちで“必ずやり切る”と約束できるように面談を進めていきます。

目標項目や目標値が決定したら、それぞれに対して具体的な行動計画を一緒に立てるようにしましょう。この対話の方法については、Q59で詳しく述べています。ここまでがうまくいけば、部下はこれなら頑張れそうだという気持ちで仕事に向かうことができます。

ただ、ここで部下が約束した目標値だけでは、課全体の高い目標達成は困難だという可能性があります。また、課長としてその部下に対して“ここまではできるはず”という期待もあると思います。部下の提示した目標値にさらにその上司として考える不足分を期待値として上乗せしましょう。この方法についてはQ60を参考にしてください。

そして最後に、Q61で述べたように、設定した目標や行動計画に対して課長としてこだわって一緒に取り組むことを約束しておいてください。

このような流れで高い目標値を約束した上で、仕事に取り組み始めることができれば、部下のよい成果が期待できるはずです。

Q 83 人事考課編

フィードバック面談の進め方

私たちの会社は成果主義に則った評価制度を採用しています。管理職である私は、部下たちの評価に対するフィードバック面談を始める予定です。中には厳しい評価を伝えなければならない部下もいるのですが、そのような部下への対応も含め面談の進め方を教えてください。

A フィードバック面談は、部下に評価を告げるためだけに実施するのではありません。管理職はそのような評価となった理由や経緯を説明するのはもちろんのこと、部下に対してさらにレベルアップを求める課題を明らかにする必要があります。そして、その課題を両者（管理職と部下）で共有し、次期以降の活動につなげることが重要です。その際、部下の成長に対する管理職の期待と熱い想いを伝えるのも忘れないようにしましょう。つまり管理職には、この面談を通して部下たちの意欲を引き出すことが求められるのです。ここでは、フィードバック面談を実りあるものとするために、管理職として注意すべきポイントを整理しましょう。

1つ目のポイントは、面談の“雰囲気づくり”です。部下も、この面談が自分への評価を伝える場であることを知っています。中には、内心穏やかならぬ心持ちで臨む部下もいるでしょう。管理職は面談の立ち上がりで重苦しい空気が流れないよう、雑談などで部下が口を開けるような雰囲気づくりに努める必要があります。そして評価のフィードバックに入る前には、部下にねぎらいの言葉をかけましょう。「前期（今期）はお疲れ様でした」「よく頑張ったよね」「君のおかげでチームも目標達成できたよ」など、成果を上げた部下だけではなく、すべての部下に対して感謝の意を示すことが大切です。

2つ目のポイントは、部下の自己評価を傾聴することです。まずは、部下に話をさせるようにしましょう。「前期（今期）を自分なりに総括してどのように評価しているかな？」というストレートな質問で構いません。この時、評価制度や評価基準、仕事の分担などに対する不平や不満が出てくることもあります。管理職はその場で議論することはせず、メモをとりながら「私からフィードバックする際にこれらのこと（不平や不満）は話し合いましょう」と部下の話を続けさせるようにします（Q33を参照）。部下の自己評価を傾聴したあとで、管理職から評価を伝えます。

3つ目のポイントは、部下の優れていた点を必ず伝えることです。これは、厳しい評価結果をフィードバックしなければならない部下に対して特に重要です。仕事のプロセスで評価できる点や本人が成長した点を挙げて、部下の仕事を認めている姿勢を示すことを忘れないようにしましょう。その上で管理職が期待する目標値や姿を具体的に伝え、部下のレベルアップに必要な課題に対して**両者が納得できるまで“じっくり”話し合うことが、4つ目のポイントです。**

フィードバック面談で部下の納得感が得られていれば、次期の目標設定面談は比較的スムーズに進むはずです。管理職は、この面談の成否が部下の将来の成長を左右するというくらいの覚悟を持って、根気よく部下と向き合う必要があるのです。

9.危機管理編

Q84 どこからがセクハラ？　どうしたら防げる？

Q85 パワハラを防ぐ管理職の心得

Q86 部下に対するお客様からのクレーム対応

Q87 部下が退職を言い出したら？

Q88 上司のコンプライアンス違反への対応は？

Q89 部下の健康管理

Q90 部下を“心の病”にさせない管理職の心得

Q91 部下が“心の病”になってしまったら？

Q92 管理職の“心の病”

Q93 残業や休日出勤が減らない部下への対応は？

Q84 危機管理編

どこからがセクハラ？どうしたら防げる？

以前、職場の親睦会で女性社員にカラオケのデュエットを強要した管理職が、セクハラを行ったとして問題になったことがあります。具体的には、どのような行為がセクハラに該当するのでしょうか？　また、管理職となった自分ができる防止策はありますか？

A　男女雇用機会均等法（1999年 施行）※1により、企業でのセクシュアルハラスメント（以下、セクハラ）防止策が努力義務として定められました。以来、セクハラに関する知識は、社内教育やセクハラ事件の報道などによって個人に浸透してきていると言えるでしょう。しかし、まだ意識の低い人によるセクハラ行為は少なくありません。

具体的に、どのような言動がセクハラとなるのか？　その判断基準は、男女雇用機会均等法や民法に明示されている訳ではありません。**セクハラと該当するか否かは、自分の行為のみによって決まるのではなく、「相手が不快に感じるかどうか」がポイントとなるのです。**つまり相手によって、同じ行為でもセクハラになる場合と、そうでない場合があるということです。

例えば、酒席で幹事が毎回決まりごとのように口にする「部長の隣は、部長お気に入りのAさんね」という言動はセクハラに該当するでしょうか？　Aさんが毎回、苦手な部長の隣席を勤務時間外に強要され“強い不快”を感じる場合と、部長の隣だと楽しいと感じる場合とで、その扱いは大きく異なります。

このように、セクハラがきわめて主観的な問題だとしても、管理職としてはそれを防止し良好な職場環境づくりに努めなければなりません。セクハラ行為を防ぐために管理職が講じることができる対策は、日頃から組織の人間関係の状態を把握し、部下の行動や対話、反応に注意を払うことだと言えます。

前例の場合、Aさんが「部長の隣」と言われた時に不快な感情を示していないか、酒席への不参加が多くなっていないか、酒席があるその日の午後に具合が悪くなったりしていないか、などのシグナルを見落とさないことです。また、組織という枠の中で、上司の指示を拒むのが難しかったり、拒否を表現できずに笑ってごまかしたりする人がいることも念頭におきましょう。

では実際に、セクハラ行為を見かけたらどのように対応すればよいのか？　それは、**できる限りその場で指摘し、本人に気づかせることです。**管理職が注意を促すことによって、本人の明るい性格を抑えてしまうのではないか、組織が暗くなってしまうのではないか、などと躊躇するかもしれません。しかし、その状況を放置しておくことは、組織にとって決してよいことではありません。「この程度なら許されるのでは」という自分本位の考えが、相手を傷つけることがあると認識させることが大切です。そして管理職は、安心して働ける職場を実現するために、お互いの価値観を認め合い、日頃のコミュニケーションを円滑に行える環境づくりに努めましょう。そのような職場であれば、1人ひとりが「拒否の意志表示」をきちんと行え、問題の深刻化を防ぐことができるでしょう。

※1）平成19年4月1日 改正　男女雇用機会均等法がスタート。男性に対するセクシュアルハラスメントも含めて、職場でのセクシュアルハラスメント対策として事業主が講ずべき9つの処置を定めた。

Q85 危機管理編

パワハラを防ぐ管理職の心得

最近、パワーハラスメント（通称：パワハラ）に関する裁判のニュースを頻繁に見聞きします。部下を預かる管理職としてはとても気になる話題です。パワハラで部下から訴えられないようにするには、どんなことに気をつければよいのでしょうか？

A 一般に、上司がその立場を利用して部下に精神的苦痛を与えることをパワーハラスメント（通称：パワハラ）と言います。ご質問にもありますように、2006年4月に全国の地方裁判所で始まった「労働審判制度」を利用して、パワハラ被害を受けたとして企業を訴える人も増えています。企業をあげてパワハラ対策に取り組む組織も珍しくありません。このような状況下、ご質問の方を含め「うかつに部下指導などできない……」と頭を抱えている善良な管理職も少なくないはずです。しかし、組織の成果に全責任を負う管理職にとって、部下を指導すること、高い負荷を与えて部下を育成することは、避けて通ることのできない大命題でもあります。

パワハラで部下に訴えられないようにするため、というきわめて消極的な理由ではなく、積極的に部下を指導し、部下育成を図る上で注意したい5つのポイントを以下に列挙します。

①人事や評価をちらつかせて、言うことを聞かせようとしない

例えば、「今期もこの調子だと、この部署にはいられないよ」などの発言は厳禁です。

②部下の人格を否定しない

「だいたい、君はだらしないよ！」、「お前がいると暗くなるんだ！」、「お前は言われたことだけやっていればいいんだ！」など、部下の人格や人間性を傷つけるようなことを口にしてはいけません。

③何が問題なのか？　に焦点を絞る

部下のどこに問題があるのか、を探すのではなく、何が問題なのか、に焦点を絞って問題解決を図るようにしましょう。

④負荷をかける場合、その目的と期待を部下の理解が得られるまで伝える

何のためにこの負荷をかけるのか、管理職自身の期待と考えを、部下に理解してもらえるまで粘り強く伝える必要があります。

⑤美点尊重の精神を貫く

美点発見：部下の美点（よいところ）を見つけて、
美点凝視：部下の美点をじっと見てあげて、
美点活用：部下の美点を活かす
これらの意識が大切です。

管理職からすれば善意の指導も、パワハラと受け止められることがあるかもしれません。そのように考えると、パワハラを防止するためのもっとも信頼できる手だては、上司と部下との間に緊密なコミュニケーションが通っていることだと言えそうです。そのためにも、日常の対話がきわめて重要になってくるのです。

Q 86 危機管理編

部下に対するお客様からのクレーム対応

お客様から部下に対するクレームが入りました。特に問題の多い部下ではなく、本人も心当たりがないと言います。お客様の言い分からすると一種のクレーマーと考えられそうですが、どのように対応すればいいでしょうか？

A 問題を起こすような部下ではないのに、お客様からクレームが……原因はともあれ、すぐに何か手を打つ必要があります。このような場合の管理職の対応を紹介します。

対応すべき相手は3人います。

まず1人目。そのお客様です。何はともあれ、**お客様が感情的になっている場合は、お客様の言いたいことをすべて言わせるようにするのが一番です。**すぐに上司として訪問（訪問できない場合は電話を）し、向こうの言い分をすべて傾聴しましょう。ここで重要なのは、相手を否定せず、しかし、むやみに謝らないことです。謝る場合は、「対応が遅れまして」とか、「混乱させてしまい」とか、特定の事象に限るようにしましょう。この出来事すべてに謝ってしまうと、先方の条件をすべて受け入れるようになってしまいかねません。ただし、理不尽な内容であっても、“クレームをくださるお客様は会社にとって大切なお客様”という意識で、臨むようにしてください。部下に非がないことがわかっても、組織で仕事をしているのですから、担当を変えることで対応しましょう。できれば、管理職であるあなたが担当するようにしてください。今回のケースには当てはまりませんが、本当に部下に非がある場合は、引き続き担当させて成長の糧とさせるのも1つの方法です。

次は対象となった部下です。 しっかりと、部下からの言い分も聞き、部下の感情もケアする必要があります。部下が苦しんでいるようであれば、一緒に人間同士として憤りや悔しさを語り合うとよいでしょう。部下が自分に非はないと、担当を変えることに納得していないようであれば、「○○さんに非がないことはわかっている。しかし、戦力を無駄に費やしたくはないので、代わりに充分力を発揮してもらえるお客様を担当してほしい」と、本人にしっかり説明して納得させましょう。

最後に組織の責任者として自分の上司へ報告しましょう。 組織としてのそのお客様との今後の取引や他の部署での同様のケースに対する整合性などを検討しなければなりません。程度にもよりますが、今後同様のケースに対する経営者の方針や対策を出してもらえるなら、そのように働きかけてみるのもよいでしょう。

理不尽なクレームに対してでも、このように対応ができれば、部下のやる気を削ぐことなく、お客様からも無理な要求をされずにすむでしょう。

Q87 危機管理編

部下が退職を言い出したら？

優秀な部下が退職したいと相談してきました。どうにかして引きとめたいと思いますが、どうすればいいかわかりません。まずは本心を確かめて、対応したいと思っていますが、どうすれば聞き出すことができるのでしょうか？

A 人材紹介業者の台頭により、昔に比べれば転職がより気軽なものとなりました。そんな状況下、このように退職願を突きつけられる管理職も少なくありません。指をくわえて辞めていくのを見ている訳はありませんが、どうすればよいかわからず、慰留に失敗するということも少なくないようです。部下が辞めない組織づくりをめざしながら、いざ退職願を出された時にどのように対応すればよいかを紹介しましょう。

まずご質問の通り、本心を確かめることが重要です。慰留しようにも原因や理由がわからなければ、的外れの説得となり逆効果です。**本心を聞き出すためのポイント**を紹介しますので、参考にしてください。

ポイントは、**①徹底的に聞く、②勝手に解釈を加えない、③相手の表現を言い換えない、④確認や質問はタイミングに配慮する、⑤相手を尊重する、**です。　①は、相手の話を遮ったり否定的な受け止め方をしないということです。時間がなくなったといって中断することもできるだけ避けましょう。話を聞くために、威圧的な態度・言葉、尋問のような聞き方も厳禁です。②は、相手の話を自分の勝手な解釈で違う方向へ引っ張ってしまうことを避けるためです。③は、相手の話を“要するに”とか“結局”と、まとめてしまわないようにするためです。要約してしまうと相手は、軽く捉えられているように感じてしまいます。④は、相手の話を中断しないように気をつけて聞くという意味です。⑤の考え方としては、上司としてではなく、同僚や先輩として本当にその部下の人生を考えた発言を心がけるということです。

このようにして本心を聞き出すことができれば、何が原因で辞めようとしているかを知ることができるため、慰留の方法を考えることが可能となります。原因は、上司である自分や組織の体制の問題、夢を見つけたなどの本人の問題も考えられます。夢や目標にチャレンジしたいというのであれば、上司としても慰留にこだわらず、1人の人間として応援する姿勢を示すことも必要かもしれません。

会社や上司である自分に不満を抱いて退職を考えたのであれば、上司としてこれからどうすべきか、何ができるか具体的に話し合うことが重要でしょう。自分に対しての不満であれば、素直に謝罪をした上で、これからどう変わるかを具体的に約束できればよいでしょう。また、組織としての会社に不満を抱いているのであれば、「自分もそう感じていた」ことを伝え、その体質や仕組みを変えるべく立ち上がりたいので協力をしてほしいと訴えることなどがよいでしょう。

もちろん、変わるつもりもないのに約束をしたり、自分は思ってもいないのに、部下が言いなりになったりしても意味がありません。本心を聞き出した上で、上司と部下、またビジネスパーソン同士、手を取り合える状態になるまで、とことん話をしてください。そして、部下が自分にはまだこの会社でできることがあると気づけば、慰留にも成功するかもしれません。

Q88 危機管理編

上司のコンプライアンス違反への対応は？

先日、部長が同業他社との入札情報交換の会合に出席していたことを偶然知りました。「談合行為」に関与している疑いもあるので放置することはできないと思っていますが、自分の上司だけにどのように対応してよいかわかりません……。

A 談合行為は独占禁止法や刑法で禁止されている犯罪行為です。見なかったことにしよう、聞かなかったことにしよう、ではすまされません。また、暗黙の了解のこととして放置してもいけません。しかしご質問のように、上司が不正な行為に関わっている場合は、正面から指摘するのは難しいかもしれません。「何も自分が正す必要はないのではないか……」という気持ちになる人もいるでしょう。だからと言って、このような行為を見過ごしてしまうことは、会社に甚大な損害を与えるばかりでなく、上司の人生そのものを崩壊させる事態につながります。

昨今、「コンプライアンス（法令遵守）」という言葉が頻繁にメディアで取り上げられています。これは、官製談合事件、情報漏えい事故、独禁法違反、品質事故など、企業の相次ぐ不祥事を背景に、法律や企業倫理を遵守する重要性、つまりコンプライアンスの重要性が社会から指摘されていることに起因します。

このような背景から、企業ではコンプライアンス定着のため、①コンプライアンス委員会などの組織を立ち上げる、②コンプライアンスのガイドラインを作成する、③コンプライアンス教育を実施、徹底する、④コンプライアンス違反が発生した際の対応ルールをつくる、⑤コンプライアンス相談窓口を設置する……など、体制が整えられてきています。したがってご質問にあるように、社内でコンプライアンス違反を発見したら、すみやかに社内のルールに従って対応すべきです。もし、そのような体制が整っていない、あるいは上位役職者の不正を想定したルールがない、など対応に迷うような場合は法務部門や総務部門の信頼できる人に相談するのがよいでしょう。

談合などの行為は誰もが「不正」と認めるものです。そんな当たり前のことに本人が気づき、正すことができないのはなぜでしょうか？　それは、「昔から、そうしているから」と過去の事実を正当化したり、ずさんな管理の抜け穴があったり、予算達成のためには手段を選ばない、という組織風土が定着してしまっているためと考えられるケースが多くあります。それゆえに、**管理職は、コンプライアンスが浸透した組織風土づくりに努める必要があるのです。**まず、管理職であるあなたが率先して模範を示すことが重要です。**「知りながら害をなすな」**という言葉があります。法令を遵守するのはもちろん、社会通念や一般常識に則った行動姿勢を示し、言葉でもコンプライアンスの重要性を部下に伝える必要があります。管理職は、断固として不正は許さないという強い決意を持って、上司と部下、部門間のコミュニケーションを緊密に保つことで、不正に対して自浄作用がある組織風土づくりに努めるべきです。

Q89 危機管理編

部下の健康管理

私が預かる組織では、多くの部下が夜遅くまで残業しており、時には休日出勤をしていることもあります。管理職としては部下の健康管理に留意する必要があると考えていますが、具体的にどのような点に気をつける必要があるでしょうか？

A 長時間労働や職場のストレスが原因で、従業員が過労死するケースが増えています。そのような背景から、従業員の健康管理に対する考え方は、発生予防への取り組みが重視されるようになってきています。予防という観点で健康管理を行うということは、日頃より部下の近くにいる管理職がその役割を担うところが大きくなるということです。

部下の健康管理と一口に言っても、労働安全衛生法で定められている定期健康診断の受診、メンタルヘルスケア、休暇の取得状況など、配慮すべきところは広範囲に及びます。中でも、健康を害する要因として第一に考えられ、問題視されるのは長時間労働でしょう。

労働基準法では労働時間の限度を、原則として1週40時間以内、かつ1日8時間以内とし、休日を1週に1日以上与えることとしています。そのため、これを超えて時間外・休日労働をさせる場合には、労働者の過半数で組織する労働組合（ない場合は過半数を代表する者）と会社が、**「36協定」（通称：サブロク協定）**を締結し労働基準監督署に届け出る必要があります。この場合、下表のように36協定における時間外労働の限度基準が示されています。これらの決まりは、労働基準法が定めている労働時間に関する内容の一部です。管理職が部下へ適切な健康管理を行う上で、関連してくる法律や社内規定などは知っておく必要があるでしょう。

では、労働時間に関して具体的にどのような点に注意を払えばよいのか？　それは、どの程度の時間外労働、休日労働を行っているのか、有給休暇をどれくらい取得しているのかを定期的にチェックすることです。もし、長時間労働が続いているようであれば、業務量を調整して負担を軽減するなどの策を講じる必要があるでしょう。「早く帰るように」などと声をかけるだけでは、部下にさらなる精神的な負担を与えるばかりでなく、サービス残業を強いることにもなりかねません。

業績を伸ばしていくためには、部下が心身ともに健康で質の高い労働力を維持することが不可欠です。そのためには、管理職自身が心身ともに健康でなければなりません。自身が過重負荷によって精神的にイライラしているようでは、部下とのコミュニケーションも満足にとれないからです。部下の健康管理を十分に行うためにも、まずは自身の健康を維持することが重要です。

<36協定における時間外労働の限度基準>（一般労働者の場合）

期間	上限時間	期間	上限時間
1日	特になし	1ヶ月	45時間
1週間	15時間	2ヶ月	81時間
2週間	27時間	3ヶ月	120時間
4週間	43時間	1年間	360時間

Q 90 危機管理編

部下を“心の病”にさせない管理職の心得

最近、うつ病や社会不安障害などの“心の病”が原因で退職したり、長期療養する社員が増えています。私が預かる組織ではそのような部下はいませんが、先々心配です。部下が“心の病”にならないようにするにはどんなことに気をつければよいのでしょうか？

A　“心の病”を引き起こす原因は、職場や私生活における過度のストレスです。管理職として特に気をつけたいのは、部下のストレス要因が管理職である自分にある場合です。ここでは、管理職が部下の“心の病”を引き起こす原因とならないようにするため、気をつけておきたい2つのポイントを紹介します。

1つ目のポイントは、「部下に与える“仕事の質と量”」です。どんな仕事を、どの程度、どの部下に与えるのか、を決めるのは管理職の仕事です。その際、1人ひとりの部下に、同じような仕事を同じ程度任せることはないでしょう。一般に、能力の高い部下に重要な仕事や多くの仕事が集中するものです。しかし、“心の病”が多発する職場では、この傾向が特に顕著に現れています。つまり、①特定の部下だけに、②いつも、③過度の仕事量と責任、がのしかかり、結果的に優秀な部下が“心の病”を発症してしまうというものです。そのような職場では、その他の部下からも“心の病”が発症するリスクが高まります。すなわち、重要な仕事がいつも特定の部下に集中しているので、その他の部下は責任の軽い仕事を任されていると感じるようになります。このような状況が続いていると、上司が自分に対して期待や信頼を寄せていないという心理状態に陥りやすくなります。やがて、仕事に対して“やりがい”を喪失するだけではなく、職場での自らの存在価値まで否定するようになってしまい“心の病”を発症することがあるのです。部下に与える“仕事の質と量”が、部下の心の健康状態を左右すると肝に銘じて、時には能力の高い部下の負荷を軽減させ、その負荷を他の部下に任せることも必要です。

2つ目のポイントは、「部下への“仕事の与え方”」です。 管理職としては、より負荷の高い仕事を任せて部下の成長を期待したいものです。そのため、それぞれの能力を考慮して、能力以上の仕事を与えようとします。だからと言って、「君ならこれくらいはできるだろうから、よろしく頼むよ」とか、「これくらいはやってもらわないと困るよ」と安直に仕事を与えてはいけません。どのような仕事を与えるにしろ、まず“なぜ、その仕事をあなた（部下）に任せようとするのか”という上司の“想い”を伝える必要があるのです。その上で、①その仕事がどのような目的を持っているのか、②私（部下）は何をすればよいのか、③その仕事を完遂するにはどうすればよいのか、を部下自身が理解しなければなりません。そのためにも、仕事を与える段階での対話が欠かせないのです。

大切なのは、このような現状を放置せず真摯に取り組むことに尽きるでしょう。活力溢れる組織をつくるのは、部下の成長を心から望み、その“想い”を行動に移すことができる管理職の存在にかかっているのです。

Q91 危機管理編

部下が“心の病”になってしまったら？

部下が“心の病”になってしまったら、どのように対処すればよいのでしょうか？　また、そうならないためにどのようなことに気をつければよいのでしょうか？

A 自分の部下が“心の病”にかかってしまったら……。管理職としては大きな悩みごとになるでしょう。もし、そうなってしまった場合は、**自分1人で解決しようとせずに上司や産業医、カウンセラーや対応ノウハウを持った人事部門などに助けを求めることがきわめて重要です。**自分や部下のマイナス評価につながることを懸念してその事実を隠したり、素人判断で対応したりすることは、事態を悪化させる可能性があります。管理職にできることは、本人にきちんと治療を受けさせ、会社復帰の際には専門家の意見を聞きながら業務負荷や勤務時間などの調整を慎重に行い、再発がないように努めることです。このように、一度発症してしまったら、管理職が自分の判断では治療できないのが部下の“心の病”なのです。しかし、管理職にしかできないこともあります。それは「早期発見」です。“心の病”は本人が気づいていないことも多く、そのために発見が遅れて深刻化し、長く休職しなければならないケースも少なくありません。**管理職が“心の病”を**

早期発見することができれば、本人と組織に与えるダメージを最小限に抑えることができるのです。

早期発見をするために、管理職はどのような点に注意を払えばよいのでしょうか？　それは、部下の変化を見逃さないことです。「初歩的なミスを頻発するようになった」、「遅刻が多くなってきた」、「身だしなみに気を使わなくなった」などは、わかりやすい変化です。これらは、部下からのSOS信号と受け止めてみる必要があるでしょう。一方、「仕事へのモチベーションが下がってきている」、「会議中、発言が少なくなってきた」、「営業成績が落ちてきている」などは、単にスランプに陥っているだけということも多いので、比較的わかりにくい変化と言えます。いずれにしても、これらの変化を発見したら「怠け癖がついてきた」などと思い込んでしまってはいけません。部下の“心の病”に気づかず、不用意に叱咤激励してしまうと、部下を深く追い詰めることにつながりかねないのです。

そして管理職には、部下の変化を見逃さないためにも日頃から部下とのコミュニケーションを緊密に保っておくことが求められます。**対話の中から、部下の感情や心の動き、抱えている問題をつかむことができる人間関係を築いておくことが重要なのです。**管理職が人間的に信頼されていれば、部下から相談される機会も多くなるはずです。

心の病になる人は、責任感が強く几帳面なタイプが多いようです。そのような人材は、企業にとっても貴重な戦力になることでしょう。だからこそ、管理職が早期発見を行うことが重要なのです。また、日頃から管理職と部下とのコミュニケーションが活発であれば、“心の病”の早期発見だけにとどまらず、病の芽を摘むことにも大きな役割を果たすことになるでしょう。加えて、職場全体で“心の病”に関する知識や理解を深め、協力して解決していく雰囲気をつくっていくことができれば、“心の病”に負けない強い職場となるはずです。

Q 92 危機管理編

管理職の“心の病”

最近は、管理職自身が“心の病”になるケースが多くなっていると聞きます。“心の病”にならないためには、どのようなことに注意すればよいでしょうか？

A **まず、“心の病”は誰もがかかってしまう可能性がある病気**だと理解してください。ですから、もし自分がそうなってしまった場合には、メンバーに迷惑をかけている、自分が情けないなどと思わずに、しっかりと治療に専念することです。そして、**“心の病”は、自分ではなかなか気づくことができない病だと認識しておくことも大切です。**「自分に限って“心の病”になるはずがない」と高をくくっている人が多いからです。また、“心の病”を発症してしまうと、自分を客観視できなくなる傾向があり、そのため身体的症状（動悸、頭痛、吐き気、不眠など症状はさまざま）が出てから病院にいき、はじめて“心の病”とわかる人も少なくないのです。

予防としては、セルフケアを心がけましょう。まず、“心の病”に関する基礎知識を理解し、病の原因となる自分自身のストレス度合いとストレス要因を客観的に把握することです。また、日頃から自分に有効なストレス解消法を見つけておくことも大切です。もし過度のストレスがかかっていると判断される場合は、相談窓口の活用なども予防の選択肢になるでしょう。これらは、管理職であるあなただけでなく、部下全員にとっても必要なセルフケアと認識してください。

自分自身のストレス度合いを測る手段としては、ストレスのセルフチェックが有効でしょう。まったく問題がないと感じる日頃から定期的に、または気づいた時に継続的なチェックを行い、ストレス度合いの変化を追えるようにすることで自分の状態を知ることができるでしょう。

以下は、簡単なセルフチェックです。該当するものにチェックをつけて経過を観察しましょう。

□起床時に疲労感が残っている
□胸が締めつけられるような感じや痛みがある
□何かにつけ、興味や関心が薄らいだ
□以前より金遣いが荒くなっている
□食欲がなかったり、胃腸の調子が悪かったりする
□寝つきが悪かったり、夜中によく目がさめたりする
□仕事がつらく、退社時間が待ち遠しい
□何かと不安を感じる
□仕事の能率が低下したり、ミスをしたりするようになった
□背中や腰の痛みや、肩こりがある
□運動や暑さとは無関係な動悸や発汗がある
□憂うつで、気がめいる
□人にどう思われているか非常に気になる
□以前より気力や根気が続かない
□ムシャクシャして、腹をたてやすい
□目の疲れや、めまい、立ちくらみがある
□色々なことを重荷と感じる
□自信がなく、将来に希望が持てない

Q93 危機管理編

残業や休日出勤が減らない部下への対応は？

部下の残業や休日出勤が減りません。上司からは減らすように指示が出ているのですが、部下に伝えても「仕事が終わらない」の一点張りです。どうすればよいのでしょうか？

A

頑張ってくれる部下の存在は管理職としてはうれしいことです。しかし、際限ない残業や休日出勤は人件費の増大を招くばかりでなく、部下の健康面やメンタルヘルスにも悪影響を及ぼしかねません。管理職としてはそのような状況を容認する訳にはいかないのです。

無駄に残業をして残業代を稼ごうとする部下に対しては、会社の方針や労働基準法に照らしあわせて規則などで組織的な対応をすればよいでしょう。しかし、そのような他意がなく頑張る部下に対しては、直属の管理職のマネジメントが欠かせません。

そのような部下に対してはまず、なぜ残業や休日出勤をするのかを見定める必要があります。自分の能力に見合った業務を効率よく進めている部下であれば、管理職が問題と捉えるほどの時間外労働をするはずはありません。つまり**残業や休日出勤が目につく部下は、①能力に見合っ**

た仕事量を超えているか、②仕事の効率が悪いか、いずれかにその原因があるのではないか？　と疑ってみるべきです。

①であれば、適正な仕事量になるように管理職として手を打つべきでしょう。職位や能力給の理由で仕事量を減らせないという場合は、それらを見直す必要があるかもしれません。

②の場合は、効率よく仕事を進めて残業や休日出勤を少しでも減らすることができるよう、部下と管理職でこだわって取り組むようにしましょう。ポイントは、月単位・週単位・1日単位の業務計画を部下に立てさせることです。管理職は部下が計画を崩さないように適切なチェックやヘルプを行います。1日単位の計画遅れが発生した際には次の日までに取り返すことにこだわって、これを3ヶ月間程度続けることができれば部下の仕事の進め方が変化した（効率がよくなった）と判断してよいでしょう。それでもなかなか計画通りに仕事が進められないという部下は、仕事の優先順位づけや見通しの甘さに問題があることも考えられるので、その点に注意を払いアドバイスをしながら、定着するまでこだわりましょう。

また、仕事量やプロセスにはまったく問題がないのに、さらに成果を上げようとして時間外労働を重ねる部下もいます。このような部下は自分の存在価値に不安を感じているのかもしれません。給料や上司からの期待に見合う成果を自分が上げていないなどと思って“しゃにむに”頑張っている可能性もあるので、管理職としては注意が必要です。このような部下には「すでに十分期待に応えてもらっている」ということをしっかりと伝え、「これからは一緒にチームの残業を減らすように取り組んでほしい」と協力を呼びかけましょう。その部下が残業や休日出勤をしなくなれば、組織全体の残業や休日出勤も減っていくことでしょう。

10.自己啓発編

Q94 自己啓発編

管理職としての心構えを磨くには？

今期から管理職となったのですが、部下は好き勝手なことをしているし、上司はまったく興味がないようでこちらからの報告をチェックするだけです。このような組織の管理職を任せるのは自分よりベテランの方にすべきだと思うのですが、いかがでしょうか？

A 部下と上司というのは、自己の鏡のような存在です。上下ともによくない状態とすれば、そもそも“あなた自身”に問題を探す必要があるかもしれません。

例えば、部下が好き勝手なことをしているのは、自分自身のどこかに問題があるのでは？　と考えて、課題を見つけてください。この場合、あなたが管理職としての“方針”をしっかり打ち出せていないことに、原因があるかもしれません。通期、半期、各月などの具体的かつ明るい展望のある方針を作成し、メンバーの賛同が得られるまで対話をしてみてください。

対話の中で部下に自分の考えを伝えることができますし、部下の考えや、やりたいと思っていることなどを聞き出すことができます。しっかりした対話の上で作成した方針であれば、方針を無視する部下もいなくなります。そうなれば、メンバーが一見バラバラのことをしていてもベクトルを合わせて大きな力にすることができるはずです。

また上司の無関心についてですが、これも同様です。自分だったらと考えれば簡単なことです。よほど成果が出せていなかったり、悩んで相談をしたりということがない限り、報告だけを形式的にする部下に対して、つっこんだ話をしてくる訳がありません。では、どうすればよいのでしょうか。

先記の部下の例で作成した方針を使ってみるといいでしょう。報告の際に、翌月の方針を上司に出してみてください。その際に必要な協力や権限委譲などがあれば、それも同時に答申してみてください。上司もそれだけで無関心ではいられなくなるはずです。

よく居酒屋で「部下が……」とか「上司が……」などという愚痴が聞こえてきますが、これも同じことです。誰かのせいだと愚痴っているだけでは、何も前進しません。愚痴るなという訳ではありませんが、同時にその内容について「あの部下（上司、お客様）があんな状態なのは自分のどこに問題があるのか？」と考えられるようになってください。

完璧なマネジメント、リーダーシップ、仕事のプロセスは存在しません。誰しも、人間である以上、失敗することもあれば、成功することもあります。最終結果には運がよい、悪いも関わってくるでしょう。しかし、よい運を引き寄せるのも、自分の考え方や言動に懸かっています。**“周囲に変化してもらうために、自分がどう変わるべきか”という視点で、自分に対して変化を求めましょう。自分は変化せず、周りにばかり変われと言っても、「寝ていて人を起こすな」と言われかねません。**

管理職としてレベルアップするために、周りに対する不満は自分がそうさせていると捉え、自分の成果は周囲にいる方々のおかげ、と捉える習慣を身につけてください。

Q95 自己啓発編

コミュニケーション力を磨くには？

部下と話をしても、部下の理解力が低いのか、私の話が下手なのか、うまくいきません。どうすればコミュニケーションを上手にとることができるのでしょうか？

A

管理職であれば、自分の話し方をわかりやすくする努力をしましょう。コミュニケーション方法に悪い傾向がないか、以下をチェックしてください。

①話が長くて何が言いたいのかわからない

話し好き、話上手と勘違いしている方に見られる傾向。

②あいまいな表現を使う

「かなり悪い状況かもしれません」などは、「結局どうなんだ」と問いたくなる表現。

③前置きが長すぎる

結論や事実の前に、延々と説明や所感が入る話し方。

④極端に一般化してしまう

例えば「他社はみんな戦略を変更した！」と、数社なのに“みんな”と表現。

⑤話の核心に触れず、持って回った言い方で終わる

「要するに○○ということですか？」という問いに「いや、必ずしも○○だけではないけれど……」とどんどん続いていく。

⑥話をはぐらかす

話しているうちに論点から脱線してしまう。

⑦情緒的・感情的表現が多い

「気持ちは伝わるけど……」という感覚にさせてしまう。

⑧相手の話や質問をよく聞かない

ちょっと聞いてすぐ反論したり、自分の関心のある言葉だけにこだわる。

⑨話がくどい（同じことを繰り返す）

特に相手がわかっているよということを繰り返す。

⑩相手に通じない“言葉”を使う

業界用語、専門用語、外来語、組織用語など。

⑪質問が下手

何をどう答えればよいのか戸惑うような質問と、なぜこんなにくだらないことを聞くのかと思うような質問。

⑫発音や発声が悪く聞き取れない

聞く相手の立場にたった聞き取りやすい発音や発声を心がける。

Q96 自己啓発編

プレゼンテーション力を磨くには？

我が社では、期の初めに管理職がそれぞれ方針発表会を開きます。大人数の前で、自分の方針をプレゼンテーションしなければなりません。人前での話に慣れていないため、どうしたらよいかわかりません。プレゼンテーションのしかたを教えてください。

A

管理職になれば、このような方針発表会や各種セミナー、企画立案の会議など、大人数の前でのプレゼンテーションを行う機会が増えます。それだけ仕事の範囲が広くなり、自分の影響力によって動かすべき関係者が増えたということは喜ぶべきことですが、苦手な方も多いと思います。そこで、**人を動かすためのプレゼンテーション・プロセス"RAIDERS"（レイダース）を紹介します。**

		プロセス
準備	R	準備 (Readiness)
序論	A	注目 (Attraction)
	I	導入 (Introduction)
本論	D	本論 (Detail)
結論	E	強調 (Emphasis)
	R	道づくり (Realize)
	S	満足化 (Satisfy)

まずは、Rの準備です。"段取り八分"とはよく言ったもので、仕事は準備によってそのでき映えの8割が決まるとも言われます。①自分の

中で、プレゼンのねらいと目的、プレゼンの環境などが明確になっているか。②シナリオと話のポイントを文書化できているか、本番を想定したリハーサルができているか。この2点を特に注意して、しっかりと準備をしてください。

次に序論のA（注目）とI（導入）です。プレゼンを始める最初の一歩です。“注目”は、①挨拶によってよい第一印象を与えることと、聴衆への感謝やお役に立ちたいという気持ちの表明に取り組むこと。②聴衆を引きつけることと、退屈な話になりそうだという印象を与えないこと。この2点を意識してください。“導入”では、プレゼンの目的と進め方を伝え、聴衆の関心事に即した問題提起や課題解決案を提示するようにしましょう。

そして、Dの本論です。本論は、プレゼンのアウトラインから伝えます。グラフやデータが添付されている際は、いつ見てほしいのか、どのように見るのかなどを先に説明しておきましょう。そして、プレゼンの詳細へ入っていきます。企画案や商品等のプレゼンであれば、詳細の伝え方としてはFeature（特徴）→Advantage（利点）→Solution（解決策）→Evidence（根拠）【FASE（フェイス）】に沿って進めることが効果的です。

最後に、結論のE（強調）・R（道づくり）・S（満足化）です。“強調”では、プレゼンの目的やポイントなどを最後にもう一度繰り返します。また、予測されるマイナス面をオープンにしたり、想定される質問に対し先取りして回答することによって、信頼度を高めます。さらに“道づくり”にて、今後実際に行動するプロセスを紹介したあと、不足情報や疑問点について質問を受けつけます。出てきた質問には、意図をくみ取った丁寧で正直な回答を心がけましょう。最終プロセスの“満足化”では、聴衆の感情を刺激することと、誠意を伝えることに注力した上で、清聴のお礼を述べ、不十分さを詫びる挨拶をしましょう。もちろん、プレゼン終了後の後始末や余韻に気を配ることも忘れないようにしましょう。

苦手意識を持っている方でもこのようにプロセスに沿って取り組めば、難しいことはありません。きっと人を動かすプレゼンができるでしょう。

Q97 自己啓発編

読書の勧め

私はあまり読書をしません。上司からは「君はもう少し本を読んで勉強した方がいいよ」と言われます。やはり読書はした方がよいのでしょうか？　また、管理職としてどんな本を読めば勉強できるのでしょうか？

A　結論から言えば、読書をしないよりはした方がよいと言えるでしょう。しかし、興味が湧かない本を無理矢理読むことはお勧めしません。自分が「読んでみたい」と思う本でなければ、読書は苦痛にしかならないからです。読書をあまりしないという方には、興味がある作家の小説やエッセイ、仕事に役立ちそうな実用書、親しい友人や尊敬する先輩が薦めてくれた本など、まずは身近なところで“自分が読めそうな本”をチョイスし、手に取ってみることをお勧めします。

また、管理職としてどのような本を読めば勉強になるか？　というご質問に対して、ここでは敢えて本のタイトルを挙げてお薦めはしません。読書をすること自体、つまりすべての本が勉強になると言えるからです。けれども、それではあまりにも素っ気ない回答となってしまいますので、お薦めのジャンルを紹介しましょう。

本書をここまで読み進めてくださった皆さんが気になるのは、ビジネス書の類かもしれません。巷にはそれこそ無数のビジネス書が溢れています。管理職の皆さんが興味を示しそうなものだけでも、カリスマ経営者の経営論や最新のビジネス理論、マネジメント論やリーダーシップ論、部下をやる気にさせるハウツーを紹介したものなど、挙げればきりがありません。いずれも管理職として参考になるものばかりですが、忙しい中ですべての本を読破するのは不可能と言ってよいでしょう。そこで**お薦めしたいのが、経営学の名著とされる海外の翻訳本です。**今日広く紹介されているマネジメントやリーダーシップに関する考え方は、その大半が欧米から持ち込まれたものです。それらの考え方のベースとなったいわゆる現代マネジメントの古典と呼ばれる名著は、今でもまったく色あせてはいません。普遍的なマネジメントの原理原則を学ぶ教科書として最適です。また、**過去のリーダーを扱った小説などにも学ぶべきものが多くあります。**時代の荒波に揉まれたリーダーたちの生き様は、現代のビジネスリーダーにも参考になると思います。歴史物と敬遠せずにトライしてみてはいかがでしょうか。

本は活字のみで表現された媒体です。テレビや漫画のようにダイレクトにメッセージが送られてくるメディアではありません。私たちは活字を追うことで、はじめてその本を書いた著者の思考に触れることができるのです。その意味で本は、受け手（読者）主体のメディアであると言えるでしょう。この特性が、読者である私たちに**「思考力」「想像力」「共感力」「批判力」**など、さまざまな力を養うきっかけをもたらしてくれます。これらの力は、管理職という仕事において役立つというだけにはとどまりません。自分の人生をも豊かにしてくれる糧となることでしょう。

Q 98 自己啓発編

研修やセミナーの活用

私の会社では管理職研修がありません。参考になるような本は読んでいるのですが、研修やセミナーにも参加してみようかと思っています。管理職向けの研修やセミナーにはどのようなものがあるのでしょうか？

A 企業の外部で実施されている研修やセミナーには、大きく無料で参加できるものと、費用が発生するものとに分けられます。無料のものと有料のものとでは、当然中身の充実度が違ってきます。多くの研修企業では無料のセミナーを販促活動の場と捉えており、紹介するプログラムもその核心部分に触れることはほとんどありません。ただし、拘束される時間は比較的短く（数時間〜半日程度）気楽に参加できるのがメリットでしょう。他方、有料のセミナーや研修もその費用によって中身や拘束時間が変わってきます。数千円で参加できる半日程度のセミナーから、1人数万円から十数万円の参加費用で2日間〜3日間拘束される合宿タイプの研修までさまざまな形態で開催されています。

また、費用が発生するしないにかかわらず、講演のように聴衆として参加する形態もあれば、受講者として参加する形態の研修やセミナーもあります。扱われるテーマも多岐にわたり、管理職を対象としたものでも、マネジメント手法やリーダーシップに関するもの、コーチングやファシリテーションといったコミュニケーション技法を扱ったもの、ロジカルシンキングやプレゼンテーションなどのスキル強化をテーマとしたものなど、非常に多くの研修やセミナーが開催されています。それらの中で**特にお薦めしたいのが、他社の管理職の方たちと交流ができる有料の公開研修（オープンコース）を利用することです。**同じ組織に長い間所属していると、無意識にその組織の文化が染みついているものです。他社の管理職の方たちと間近に接し交流することで、自分に染みついた癖や習慣に気づかされることもあるはずです。また、部下や上司など人間関係の悩みは驚くほど似ていることがあるので、情報交換をするだけでも参考になることは多いと思います。

研修やセミナーに参加することで自らのレベルアップを本気で図りたいと考えるのであれば、聴衆として参加するセミナーよりも、やはり受講者として参加できる研修をチョイスするのがよいでしょう。その際に注意しておきたいのが研修の定員です。定員が10名ほどの研修もあれば、数十名の定員で運営される研修もあります。**少人数制の研修は、受講者のレベルや理解度に配慮した運営がなされるケースが多いので特にお薦めです。**

研修やセミナーに参加することの最大の利点は、普段見直す機会が少ない自身の姿を客観的に捉えることができることです。管理職として進化し続けるためにも、積極的に研修やセミナーを活用してはいかがでしょう。

Q99 自己啓発編

ワーク・ライフ・バランス

管理職になったことを機に、週に一度ビジネススクールに通いたいと考えています。しかし、就業時間後に会議の招集がかかったり資料作成の指示などが頻繁にあったりして、なかなか時間を確保することができません。会社の仕事を優先するしかないのでしょうか？

A **「ワーク・ライフ・バランス」**という言葉があります。仕事とプライベートのどちらか一方を犠牲にするのではなく、バランスのとれた生活をすることでより充実した人生を送ることができる、とする考え方です。ワーク・ライフ・バランスの実現に向けては、行政などの支援の他、勤務形態の多様性（フレックスタイムの導入や在宅勤務など）や各種休暇（ボランティア休暇や医療看護休暇など）の整備など、企業側の取り組みが欠かせません。しかし、これら諸制度の整備よりも重要なのは、仕事も生活も充実させたいという個人の意識です。まずは、自分自身が“どのように働きたいのか”“どのような人生を歩みたいのか”を見つめ直して現在の働き方に疑問を感じるのであれば、意識的に働き方を変えていく必要があるでしょう。

例えば、ご質問のように夜間のビジネススクールに通うために定時での退社ができるよう仕事を進めていたとします。その日の夕方、急に上司から「資料を本日中に作成してほしい」と依頼がありました。あなたなら、どのように対応するでしょうか？「上司からの指示は絶対引き受けなければならない」と考え、ビジネススクールにいくことを諦めてしまうような方は、仕事以外の活動を行うために時間を確保するのは難しいでしょう。

このような場合は、まず上司に自分の予定を伝え、次に仕事の納期や目的を確認してみるのがよいでしょう。そして自分が定時に退社しても、指示された業務を納期どおりに仕上げる代替案があるかどうかを上司に相談してください。上司に相談することで、例えば「今日中」と言われた納期が実は明日の11時までに仕上がっていればよいとわかり、いつもより朝早く出社すれば問題はないということになるかもしれません。あるいは、他のメンバーに引き受けてもらえる範囲の仕事だということがわかるかもしれません。よほど突発的な大事でもない限り、なんらかの代替案が見つかるものです。それでも、どうしても時間がとれないという管理職は、仕事以外に費やす時間の使い方をもう一度点検してみるとよいでしょう。早朝や休日の過ごし方を見直して時間が捻出できるようなら、その時間帯に開講しているビジネススクールを利用するという選択肢が見つかるかもしれません。いずれにしても、**仕事も生活もバランスよく充実させたいというあなたの意識があってはじめてワーク・ライフ・バランスの実現が可能になるのです。**

また、管理職のワーク・ライフ・バランスは部下たちにとっても重要です。彼らのロールモデル（お手本）が仕事漬けで会社人間の「滅私奉公の管理職」では、多くの部下たちが管理職になることを敬遠してしまうことでしょう。**管理職自身が仕事と生活のメリハリをつけて無駄な時間を省き、人生そのものを豊かにしようとする姿勢を示すことが、次の管理職を育てる基礎ともなるのです。**

Q 100 自己啓発編

さらなる成長のための習慣づくりとは？

管理職として自信を持つためにも、ビジネスパーソンとしてもっと成長しなければと思っています。上司からも、「成長する努力をし続けなさい」と日々言われていますが、どうすればよいかわかりません。成長するため、日々意識することはどんなことでしょう？

A　周りに何をやってもうまくいくという人はいませんか？そのような人はよい癖や習慣を持っています。ビジネスパーソンとして、管理職として成長を続けるために、10の癖や習慣を点検しましょう。

①自律意識

他律意識になっていませんか？

“他人と過去は変えられない、自分と未来は変えられる”と言われるように、他人を律しようとしても、ストレスが溜まるだけです。他人を変えるためにも、自分を律する意識を持ってください。

②共同体意識

利己意識になっていませんか？

自分の利益のために総論賛成、各論反対のような言動はやめましょう。

特に会社組織において、自分の仕事をやっていればいいというような考え方も変えましょう。1つの船に乗り込んだ仲間同士、共同体として力を合わせなければなりません。

③現実思考

観念思考になっていませんか？

観念とは現実に対して人が抱く考えや意識のことです。理屈の上では、とか、経験がないからとか……思いこみや決めつけで、最初から諦めたりすることのないようにしてください。

④資源活用思考

資源埋没思考になっていませんか？

これもダメ、あれもない、と言っていては、何も始まりません。何をするにも、どんな状況でも、必要十分な環境などあり得ません。あるものを活用し、持てるものを喜ぶようにしましょう。

⑤戦略思考

目先思考になっていませんか？

今がよければいいやという考えでは、明るい未来は望めません。長期・大局にわたり勝つことを考えてビジネスをしましょう。

⑥計画的行動

場当たり行動をとっていませんか？

行動がその場しのぎの作業になってはいないでしょうか。もちろん、変化の速いビジネス社会では、まず動かなければならないという場合も多くありますが、計画できる時には計画しておき、いくつかの勝利パターンを身につけておくようにしてください。

⑦後楽行動

先楽行動をとっていませんか？

面倒なこと、気が乗らないことから手をつけるようにしてください。後回しにしていると、さらに苦しい状況になっていきます。先に嫌なことを片づけておけば、あとに楽しいことがやってくると考えるようにしてください。もちろん、常楽（常に楽を求める）では、成長はありません。

⑧積極行動

受身行動になっていませんか？

そんな指示は受けていない、相談されなかったから、注意されれば直したのに……こんなことでは、いつまでたっても成長できません。慎重すぎて自分から動かないのは失敗するよりも悪いことです。ノープレー・ノーエラーという気持ちでチャレンジし続けてください。

⑨プロセス学習

非学習ではありませんか？

失敗したこと、成功したこと……完了した仕事やそのプロセスから学ばない人に成長はありません。一度経験したことを自分の知恵やノウハウとして身につけてください。

⑩活用学習

記憶学習になっていませんか？

知っていることとできることは違います。そんなことは知っている、と言って何もしないのは、知らないよりもたちが悪いと肝に銘じておいてください。

会社紹介

株式会社ユニゾン

設　立　　：1988年7月26日
本社所在地：〒102-0083
東京都千代田区麹町3-5-2　BUREX麹町10F
電話番号：03-5275-9191
ホームページ：http://www.unison-ms.co.jp/

事業内容

私たちユニゾンは、企業向け研修事業を中核とし、診断事業・コンサルティング事業を行う、人と組織の発展に貢献する事業活動を展開しています。

社名に込めた想い

お客様が成長することに夢中なれる仕事をする。
－UNIQUE PERSON
個人と組織の個性に正面から向き合い、
－UNISON（同じ音を奏でるという音楽用語）
お客様と一緒に汗を流す。
私たちは「ユニゾン」という社名に、この想いを込めました。

著者近影

代表取締役社長
堤　幸政

取締役
河村　亜紀

ユニゾンの研修の特徴

スティミュレーション＆コンサルテーション
～個性と向き合い刺激する～

組織や個人が「変わる」というのは、どのような時なのでしょうか？
予想もしなかったような大きな刺激（環境の変化や精神的・肉体的ショックを受けた時など）がきっかけで「変わらなければならなかった」というようなケースが顕著ですが、自らが「変わらなければならない」と決心し、そのための努力を惜しまずに続けた時にはじめて「変わる」ことができるのではないでしょうか？
私たちのお客様は、会社や組織、他者や自身に対して「変わってほしい」「変わりたい」との願いを持っています。研修という限られた時間の中で私たちは、どのようにしたらお客様に「自らが変わる」きっかけをもたらすことができるのか？　を常に考えて行動しています。組織と個人が持つ特性に向き合い、どのような刺激が自発的な変化を促すのかを見極め、その刺激をご提供いたします。

パーソナライゼーション
～個人におとしこむこと～

思考方法やスキルを理解する・学ぶといった画一的な研修で得られた知識は、時間とともに風化してしまうことが多いようです。自分自身が直面している業務の課題、成長の課題を解決できる研修があれば、知識を文字通り「体得」することができ、個人の変化を促すきっかけになるのではないでしょうか？
私たちは、個々人とのコミュニケーションを重視した少人数での研修運営をしています。実際の業務での課題発見と、その解決策を探るプロセスから「気づき」を促し、自己変革の“きっかけ”をご提供いたします。その上で「私はどうすれば良いのですか？」の問いに真摯に答えることによって、受講者に『自ら考え、自らが課題を発見する力』『課題に優先順位をつけ行動を選択する力』『主体性を持って成長していこうとする力』を身につけていただきます。

■著者略歴

株式会社ユニゾン

1988年設立
設立以来、新入社員から管理職までの各種階層研修や、営業研修など職種別研修などを行う。
特に管理職向けの実務研修は、評価が高い。

東京都千代田区麹町3-5-2 BUREX麹町10F
http://www.unison-ms.co.jp
E-mail：info@unison-ms.co.jp

堤　幸政（つつみ　ゆきまさ）

1967年東京都生まれ
日本大学法学部卒
株式会社ユニゾン 代表取締役社長 兼 シニアコンサルタント
株式会社リコー、株式会社ジャストシステムを経て2005年6月より現職。
ソフトな物腰からは想像できない鋭い切り口と人間味溢れるキャラクターで、受講者に化学反応を引き起こす研修講師として高い評価を得ている。

河村　亜紀（かわむら　あき）

徳島県生まれ
早稲田大学人間科学部卒
株式会社ユニゾン 取締役 兼 コンサルタント
株式会社ジャストシステムを経て現職。
研修講師としては新人研修から管理職研修まで幅広い分野を担当。
個性豊かなキャラクターに熱烈なファンが多い。

ご意見をお聞かせください

ご愛読いただきありがとうございました。本書の読後感想・御意見等を愛読書カードにてお寄せください。
また、読んでみたいテーマがございましたら積極的にお知らせください。
今後の出版に反映させていただきます。

☎ (03) 5395-7651
FAX (03) 5395-7654
mail：asukaweb@asuka-g.co.jp

はじめての管理職《かんりしょく》　100問《もん》100答《とう》

2007年　8月　31日　初版発行
2010年　12月　6日　第13刷発行

著　者　㈱ユニゾン編
堤《つつみ》　幸政《ゆきまさ》／河村亜紀《かわむらあき》著
発行者　石　野　栄　一

明日香出版社

〒112-0005　東京都文京区水道2-11-5
電話（03）5395-7650（代表）
（03）5395-7654（FAX）
郵便振替 00150-6-183481
http：//www.asuka-g.co.jp

■スタッフ■ 編集 早川朋子／藤田知子／小野田幸子／金本智恵／末吉喜美／久松圭祐
営業 小林勝／浜田充弘／渡辺久夫／奥本達哉／平戸基之／野口優／横尾一樹／後藤和歌子
大阪支店 梅崎潤　M部 古川創一　経営企画室 落合絵美　経理 藤本さやか

印刷　美研プリンティング株式会社
製本　根本製本株式会社
ISBN 978-4-7569-1107-0 C2034

乱丁本・落丁本はお取り替えいたします。

編集担当　久松圭祐

はじめての会社経営100問100答

出口秀樹税理士事務所　編
出口秀樹・福澤康弘・西川貴浩・中村明博　著

定価（税込）1680円
B6並製　240ページ
ISBN4-7569-0999-X
2006/08発行

経営の基本がわからなくなったら…
独立・起業をしようと思ったら…

会社経営にともなういろいろな問題。小さなことであっても経営者本人にとっては大きな問題であり疑問でしょう。この本ではそんな経営者の方から寄せられた100の疑問にお答えします。これから会社経営を始める方も、すでに経営をスタートさせた方も必携の１冊です。

はじめての賃金管理100問100答

黒川勇二　著

定価（税込）1680円
B6並製　272ページ
ISBN4-7569-1042-4-
2007/01発行

賃金の管理をどうすればよいのか、
わからなくなったら…

賃金をめぐる問題と対応策は会社運営の柱のひとつ。
中小企業の賃金問題は理論通りにはいきません。
小さな会社の社長や総務担当役員、そしてもらう側の社員さんも知っておくべき最新の現実的な進路と対応策！社員さんを大切にする会社に必携の書です。

はじめての経費削減100問100答

出口秀樹税理士事務所　編
出口秀樹・福澤康弘　著

定価（税込）1680円
B6並製　232ページ
ISBN4-7569-1071-4
2007/02発行

効果的なコストカットをしたいのだが、
どのようにすればいいの？
実際に寄せられた相談を100問、見開き形式でまとめました。
経営の効率化に欠かせない経費削減を、社員のモチベーションを下げずに行います。
経営者の方に必携の１冊です。

はじめてのパート・派遣社員の雇用100問100答

光嶋　卓也　著

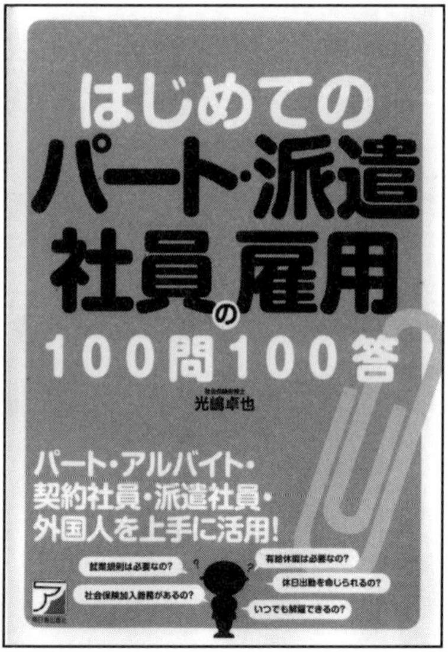

定価（税込）1680円
B6並製　232ページ
ISBN4-7569-1097-4
2007/07発行

会社経営において、人材管理は大事な問題。
パート、アルバイト、契約社員、派遣社員など、さまざまな正社員以外の雇用形態がある。
正社員以外の人材を雇用する際に、何に注意しなければならないのか？
経営者や人事担当者にとっては頭を悩ます問題でしょう。
そんな疑問を社会保険労務士に代わって、解決する指南書。